谷口 誠
東アジア共同體

동아시아
공동체

다니구치 마코토 지음 | 김종걸 · 김문정 옮김

관점들01

율력

HIGASHI AJIA KYODODAI by Makoto Taniguchi

ⓒ 2004 by Makoto Taniguchi

Originally published in Japanese by Iwanami Shoten, Publishers, Tokyo, 2004

This Korean language edition published in 2007

by Ulyuck Publishing House, Seoul

by arrangement with the author c/o Iwanami Shoten, Publishers, Tokyo.

동아시아 공동체

지은이 | 다니구치 마코토

옮긴이 | 김종걸, 김문정

펴낸이 | 강동호

펴낸곳 | 도서출판 울력

1판 1쇄 | 2007년 1월 20일

등록번호 | 제10-1949호(2000. 4. 10)

주소 | 152-889 서울시 구로구 오류1동 11-30

전화 | (02) 2614-4054

FAX | (02) 2614-4055

E-mail | ulyuck@hanafos.com

값 | 11,000원

ISBN | 978-89-89485-48-3 03340

· 잘못된 책은 바꾸어 드립니다.

· 옮긴이와 협의하여 인지는 생략합니다.

한국어판 서문

저의 졸저, 『동아시아 공동체 ― 경제 통합의 미래와 일본』이 한국에서 출판되는 것은 "동아시아 공동체" 형성을 마음속 깊이 기원하고 있는 저에게는 무척 기쁜 일입니다.

먼저 이 책을 번역하는 데 수고를 아끼지 않았던 한양대학교 김종걸 교수에게 깊은 감사의 뜻을 전합니다. 김 교수님은 제가 일본 와세다 대학의 아시아 태평양 연구센터(대학원)에 재직하고 있을 당시부터 교류해 온 뛰어난 일본 연구자입니다. 이 책이 김 교수님에 의해 번역되어 한국인들에게 읽히게 된 것이 저에게는 커다란 기쁨입니다.

제가 한국을 처음으로 방문한 것은 파리에 있는 OECD(경제협력개발기구)의 사무차장으로서 한국의 OECD 가맹 교섭을 담당하고 있었던 1990년이었습니다. 이후 1996년 말 한국은 아시아에서 일본 다음으로 OECD에 가맹했습니다. 그때의 성취감과 기쁨은 지금도 선명히 기억하고 있습니다.

저는 1990년대 중반부터 EU(유럽연합), NAFTA(북미자유무역협정)로 대표되는 지역 통합의 움직임에 상당히 많은 관심을 기울여 왔습니다. 그래서 OECD 사무국 내에 연구 팀을 조직하고, 21세기 세계화의 흐름 속에서 세계 경제가 어떻게 변화할 것인가를 연구한 바 있었습니다. 그 결과물이 1997년 말 OECD에서 출판된 『2020년의 세계: 새로운 글로벌 시대를 향하여 *The World in 2020: Towards a New Global Age*』라는 보고서입니다. 여기서 제가 가장 주목했던 것은 21세기 세계에서 가장 다이나믹한 발전을 이룩할 곳이 바로 아시아, 특히 동아시아일 것이라는 시나리오였습니다. 더욱이 저는 이러한 시나리오를 실현시키기 위해서도 장차 아시아에서 EU, NAFTA와 필적할 만한 지역 통합이 필요하다고 주장하기에 이르렀습니다. 그러나 그 당시에는 문화적, 정치적, 경제적으로 그토록 다양한 아시아에서 지역 통합은 불가능할 것이라는 생각이 일본에서도 그리고 아시아 각국에서도 지배적이었습니다.

그러나 1997년 7월 태국에서 발생한 통화 위기가 한국과 동아시아 전체로 전파되는 상황이 발생했습니다. 이것은 아시아에 있어서 불행한 일이었습니다만, 이 위기를 계기로 하여 동아시아에서 통화 문제 해결을 위한 지역 협력의 싹이 움트기 시작했습니다. 그 중심에 서 있었던 것이 바로 통화 위기로 가장 비참한 피해를 입은 아세안이었습니다. 아세안은 한국, 중국, 일본에게 협력을 요청하였으며, 그 결과 아세안+3의 지역 협력 체제가 성립되기에 이르렀습니다. 이 지역 협력의 틀은 통화 문제로부터 점차 FTA(free trade agreement: 자유 무역 협정),

EPA(Economic Partnership Agreement: 경제 동반자 협정) 체결을 향해 확대되어 가고 있습니다. 그러나 이러한 FTA, EPA의 확대는 아세안+3 전체의 협력 체계 확립이라는 형태를 띤 것은 아닙니다. 적어도 지금은 한국, 중국, 일본이 개별적으로 아세안과 FTA, EPA를 추진하고 있습니다. 2010년경에는 아세안과 한국, 중국, 일본이 각기 FTA, EPA를 체결할 것으로 보입니다. 그러나 한 · 중 · 일 3국 간에는 아직 FTA, EPA가 체결되어 있지 않습니다. 한국과 일본은 FTA, EPA의 교섭을 시작한 바 있습니다만, 현재는 교착 상태에 빠져 있습니다. 한국과 중국 간에는 협정 체결을 위한 논의는 있는 것 같습니다만, 일본과 중국 간에는 아예 그러한 논의조차 없습니다.

동아시아 지역 통합에 있어서 아세안은 중요한 역할을 담당해 왔습니다. 그러나 경제 규모(GNI)에 있어서 한국, 중국, 일본의 약 1/9에 불과합니다. 따라서 한 · 중 · 일 3국이 서로 FTA, EPA를 체결하지 않는다면 실효성 있는 "동아시아 공동체"는 형성될 수 없습니다.

그러면 왜 동아시아에서는 공동체를 만들어 나갈 경제적 가능성이 있음에도 불구하고 구체적으로 진행되고 있지 않는 것일까요?

2005년 12월, 말레이시아의 쿠알라룸푸르에서 "동아시아 공동체" 형성을 위한 제1회 "동아시아 정상 회의"가 개최되었습니다. 이것은 한국의 김대중 대통령이 제창하여 만들어진 "동아시아 비전 그룹"(East Asian Vision Group: EAVG)이 2001년 11월에 제출한 보고서의 제안에 따른 것입니다. "동아시아 공동체"를 만들기 위해서 개최된 이 회의 자체는 무척 반가운 일입니다. 그러나 수년에 걸친 아세안+3 정상 회담에도 불구하고 그 어떤 합의도 제대로 이루어지지 않았습니다. 현재로서는 "동아시아 공동체" 형성까지는 길이 멀기만 합니다. 더욱이 "동아시아 정상 회의"도 실패로 끝나 버렸다고 볼 수밖에 없습니다. 한국, 중국, 일본 3개국, 특히 중국과 일본의 정치적 대립이 결과적으로 아세안 자체의 의견 분열을 가져오게 한 것입니다. "동아시아 공동체" 형성을 위해서는 아세안이 운전석에 앉고, 한·중·일 3국은 뒷좌석에서 그 운전을 잘 지도해 나가야 한다는 의견이 있습니다. 이것은 "동아시아 공동체" 형성에 있어서 상당히 정곡을 찌른 말이라고 저는 생각하고 있습니다.

지금의 한국, 중국, 일본은 경제적으로는 상호 의존 관계가 심화되어 가고 있지만, 정치적 관계는 그리 좋지 않습니다. 한·중·일 3국의 정치적 관계가 개선되지 않고, 그리고 그 때문에 "동아시아 공동체"의 형성이 더욱 늦어지거나 심지어는 좌초하는 경우라도 생긴다면, 그것은 단지 세 나라의 국익만이 아니라, 동아시아 그리고 아시아 전체의 경제 발전과 안정을 저해할 것입니다.

한·중·일 3국에게 지금 요구되는 것은 미래 지향의 사고 위에서 정치적 관계를 빨리 개선하고, "동아시아 공동체" 형성을 아세안과 협력하면서 추진하는 것입니다. 이를 위해서도 한·중·일 3국, 특히 일본은 역사 인식의 차이를 빨리 극복하고, 과거사 청산을 위해 노력해야 할 것입니다.

"동아시아 공동체" 형성의 열쇠를 쥐고 있는 한·중·일 3

국에게 모두 요구되는 것은 아시아의 대국으로서의 책임을 자 각하는 것입니다. 그리고 서로 공헌할 수 있는 분야부터 착실히 협력해 나가는 것입니다. 특히 한국과 일본은 OECD에 가맹한 아시아의 선진국으로서 경제 분야뿐만 아니라, 중국, 인도와 같 은 급성장하는 경제 대국이 직면한 문제, 그중에서도 특히 환경 문제 개선에 협력해 나가야 한다고 생각합니다. 이러한 노력에 의해서 동아시아, 더 나아가 아시아 전체의 상호 신뢰가 조성되 며, 공동체 성립에 필요한 "공동체 의식"을 육성해 갈 수 있다 는 점을 저는 확신하고 있습니다.

이 책에서도 강조하고 있습니다만, 한국은 "동아시아 공동 체" 형성을 위해 적극적인 정책을 실시해 왔습니다. 저는 노무 현 대통령이 2003년 2월 25일의 취임 연설에서 말한 것과 같이, "21세기 동북아 시대"에 있어서 한국, 일본, 중국이 '공동체 의 식'을 갖게 된다면 "동아시아 공동체"는 멀지 않아 실현될 것 이라고 확신하고 있습니다.

이 책은 일본에서 과분하게 높은 평가를 받고 있습니다. 한 국에서도 많은 분들이 읽어 주신다면 감사하겠습니다.

2006년 10월 1일

일본 이와테켄리츠岩手縣立 대학 총장

다니구치 마코토

차례

일러두기

1. 이 책은 谷口 誠의 『東アジア共同體: 經濟統合のゆくえと日本』(岩波書店, 2004)을 텍스트로 하여 번역하였다.

2. 이 책은 원서의 체제를 따랐다. 단 원서 본문 안에 있는 주는 일련번호를 붙여 책 뒷부분에 배치하였다.

3. 본문에서 책과 신문, 잡지 등은 『 』로 표시하였고, 기사나 논문은 「 」로 표시하였다. 그리고 원서에서 「 」로 표시된 부분은 " "로 바꾸었으며, 본문 중의 ' '는 모두 옮긴이가 표시한 것이다.

머리말

21세기에 들어서면서 세계는 EU(유럽연합)와 NAFTA(북미자유 무역협정) 같은 세계적 규모의 지역 통합이 확대되는 한편, 동아시아에서도 지역 통합의 움직임이 활발해지고 있다. 현재 동아시아 국가들 간에는 정부 차원에서 FTA(자유 무역 협정)를 중심으로 EPA(경제 동반자 협정) 체결 협상이 급속도로 진행되고 있다.

그동안 동아시아 지역 통합에 적극적이지 않았던 일본에서도 "동아시아 경제권," "동아시아 경제 공동체," "동아시아 공동체" 등의 구상이 논의되기 시작해, 각계각층에서 심포지엄이나 세미나, 연구회, 강연회 등이 개최되고 있다. 동아시아 지역 통합의 주요 멤버가 되어야 할 아세안ASEAN(동남아시아국가연합) 및 한국, 중국, 일본 간에도 학자, 연구자, 지식인 차원에서 국제 심포지엄이 자주 개최되고 있다.

필자는 1990년대에 파리의 OECD(경제협력개발기구) 사무

국에서 7년 반가량 '21세기 세계화 하의 세계 경제 구조 변화'
에 대해 연구를 한 바가 있으며, 이 책에서 논하게 될 "동아시
아 경제 공동체" 구상과 이를 발전시킨 "동아시아 공동체" 구
상은 이 무렵부터 생각해 온 것이었다. 필자는 OECD에서
『2020년의 세계: 새로운 글로벌 시대를 향하여 *The World in
2020: Towards a New Global Age*』라는 세계 경제의 장기 전망
에 관한 연구를 발표한 적이 있다. 1997년 말에 발표된 이 연구
보고서에 따르면, 21세기에는 중국을 중심으로 동아시아, 나아
가서는 인도를 포함한 아시아가 세계에서 가장 역동적인 발전
을 이루는 중심지가 될 것이라는 것이었다. 필자는 이 연구를
통해 한 가지 결론을 짓게 되었다. 즉, 21세기의 세계 경제는
1980-90년대에 존재했던 미국 · 유럽 · 일본에 의한 3극 구조가
무너지고, 확대 EU와 NAFTA, 그리고 현재 약진하고 있는 아시
아에 의해 새로운 3극 구조가 출현한다는 것이었다.

일본은 자국이 미국 · 유럽 · 일본에 의한 3극 구조의 1극을
담당하고 있다는 엘리트 의식을 버리고, 장기 경제 침체에서 탈
피하기 위해서라도 우선 "동아시아 경제권"을 구축하고, 아세
안, 한국, 중국과 함께 동아시아의 발전과 안정에 기여하기 위
한 길을 모색해야 한다고 생각했다. 그리고 이 생각은 파리에서
1990년대 EU의 정치 · 경제 통합 과정을 보면서 더욱 확고해졌
다.

필자는 1997년에 일본으로 귀국한 후, 신설된 와세다 대학
아시아 태평양 대학원에서 "동아시아 경제권" 구상에 대한 연
구를 계속하였다. 그러나 외무성과 정계, 학계 및 아시아 연구

자들은 40-50년 후에나 가능한 일이라며 부정적인 반응을 보였다. 당시 일본 경제에서 최대의 관심사는 미국 경제의 동향, 미국의 IT 산업 따라잡기, 일본 경제의 규제 완화, 부실 채권 처리 등이었으며, 이것이 바로 일본 경제 회복의 열쇠라 인식되고 있었다. 당시 일본에는 대對 선진국, 특히 대미 관계를 중시한 경제 대응책은 있었지만, 21세기 세계 경제 구조의 변화를 직시한 장기 전략은 결여되어 있었다. 특히 일본 경제를 급속도로 따라잡으면서 경제적 상호 의존 관계를 강화하고, 일본의 경기 동향에 커다란 영향을 끼치고 있던 중국을 비롯한 동아시아 경제에 대한 대응책은 결여되어 있었다.

1997년 7월에 아시아 통화 위기가 발생하면서 그동안 순조롭게 발전해 온 아시아 경제는 심각한 타격을 입었다. 동아시아에는 불행한 일이었지만, 통화 위기 때 일본이 강구한 '신 미야자와 구상'을 포함한 거액의 구제 조치는 일본과 동아시아의 연대감을 강화시켜 결과적으로는 동아시아 지역 통합의 계기가 되었다. 또한 아시아 통화 위기로 인해 가장 심각한 피해를 입은 아세안에게 구제의 손을 내민 것은 미국도 IMF(국제통화기금)도 APEC(아시아 · 태평양 경제협력체)도 아닌 동아시아의 일원인 일본이었다는 사실을 인식하고, 통화 문제를 통해 지역 협력의 중요성을 깨달은 것은 커다란 성과였다. 아세안 국가들 중에서도 통화 위기의 발단이 된 태국이 한국, 중국, 일본에게 통화 문제를 통한 지역 협력을 촉구한 배경에는 이러한 사실이 작용했을 것이며, 아세안이 가장 큰 기대를 걸고 있었던 일본이 이에 부응하여 그동안 미국 때문에 주저하고 있던 아세안

+3(한국 · 중국 · 일본) 포럼에 참가하기로 방향을 전환한 사실은 일본의 대對 아시아 외교의 발전된 양상이라 평가할 수 있다.

아세안+3 포럼을 통한 동아시아의 지역 통합은 통화 문제에서 시작되어 FTA와 EPA로 그 범위를 넓혀 왔지만, 이를 주도한 것이 바로 그동안 지역 통합에 소극적이었을 뿐만 아니라 아시아 통화 위기 때 미국과 협력하여 일본의 AMF(아시아통화기금) 구상을 저지하기까지 했던 중국이었다는 사실은 놀랄 만한 일이었다. 아세안이 통화 협력 문제에서 적극적 행보를 보인 것이 지역 통합의 첫 번째 로켓이었다고 한다면, 중국의 적극적인 행보는 두 번째 로켓이었다고 말해도 좋을 것이다. 일본은 처음부터 중국발 로켓의 위력을 과소평가한 감이 있었다. 그러나 일본이 아세안과 EPA 협상을 서두른 것도 사실은 중국에 의해 촉발된 것이었다. 일본은 중국에 대한 대항 의식에 사로잡힐 것이 아니라 동아시아 지역 통합에 대한 중국의 적극적인 자세를 높이 평가해야 한다. 현재, 아세안과의 FTA 및 EPA 협상은 한국, 중국, 일본이 개별적으로 진행하고 있다. 2010년 후에는 동아시아에 한국-아세안, 중국-아세안, 일본-아세안 등 세 축의 자유 무역권이 성립될 가능성이 높다. 그러나 이 세 무역권이 언제, 어떻게 수렴될 것인지에 대한 전망은 보이지 않는다.

이와 같이 비합리적인 지역 통합 과정을 취할 수밖에 없는 이유는 중일 간의 정치적인 불신감 때문이다. 제2차 세계대전 이후의 중일 관계를 돌이켜보면, 양국이 아직 대국으로 인정받기 전까지는 별다른 패권 싸움이 없었다. 양국 지도자 간에 마음을 열고 대화를 나눌 수 있는 인맥도 있었다. 그러나 2002년에는 중일 국교 회복 30주년을 맞이하였음에도 불구하고 중일 정상 간 상호 방문이 실현되지 않았다. 이러한 사태에 이른 이유는 중일 간에 서로 신뢰할 만한 지도자를 육성하지 못했기 때문이며, 특히 현재 역사 인식이나 국제적 감각, 비전을 결여한 일부 일본 정치가의 책임이 크다고 할 수 있다. 중일 간에 진정한 신뢰 관계가 구축되지 않는 이상, 동아시아에 실효성 있는 "경제권" 또는 "경제 공동체" 성립은 어려울 것이다. 하물며 "경제 공동체"를 초월한 "공동체" 성립은 거의 불가능할 것이다.

2003년 11월, 와세다 대학은 북경 대학과 공동으로 한국, 중국, 일본, 대만, 마카오에서 최고 수준의 학자 및 연구자를 초청하여, "동아시아 경제권의 성립을 향하여"라는 국제 심포지엄을 개최하였다. 활발한 논의 후 참가자들은 '동아시아에는 경제권을 성립시킬 만한 경제적 가능성이 충분히 있기는 하지만, 성립 여부는 한 · 중 · 일, 특히 중일 간에 상호 신뢰 관계가 형성되느냐에 달려 있다'는 결론을 내렸다.

이 책의 4장에서 동아시아는 경제 규모나 성장 가능성으로 보아 EU와 NAFTA에 필적하며, 미래에는 이를 능가하는 지역 통합체로 발전할 가능성이 있다는 사실을 데이터를 통해 설명하였다. 또한 5장에서는 일본과 중국을 포함한 동아시아 국가들이 협조적 분업 체제를 확립함으로써 많은 경제적 이득을 얻을 수 있다는 사실을 제시하였다.

그러나 문제는 거기서 끝이 아니다. 애당초 필자는 무역 및 투자 확대에 의한 경제적 상호 의존 관계가 심화되면, 그것이 중일 관계 개선에 크게 기여할 것이라 생각했다. 실제로 중일 간의 경제적 상호 의존 관계는 점차 심화되고 있다. 그럼에도 불구하고 경제적 이익 추구를 목적으로 한 상호 의존 관계는 때로는 예전의 미일 간 경제·무역 마찰과 같이 오히려 관계를 악화시킬 수 있다. 따라서 단순한 경제적 이익 추구를 위한 무역 투자 관계를 넘어서 미래의 중일 관계를 이끌어 나갈 인재 육성이 우선적인 과제로 거론되어야 할 것이다.

　중국 정부 연구 기관의 일본 연구자가 동경에 위치한 재일 중국 유학생 기숙사에 머물 때의 일이다. TV를 통해 2002년 월 드컵을 보고 있던 중국인 유학생들은 일본이 패하자 일제히 일 어나 박수를 쳤다. 그 일본 연구자는 앞으로 일본을 이해해야 할 유학생들조차 반일 감정을 품고 있다며 한탄했다. 필자도 일 본과 중국에서 젊은이들과 어울린 적이 있지만, 양국 모두 전쟁 이후에 태어난 세대가 상대 국가를 이해하지 않으려는 경향이 강했다. 이러한 사실은 놀라울 뿐 아니라 안타깝기까지 하다.

　2003년 12월, 일본-아세안 특별 정상 회담에서, 일본은 아 세안에 대해 "인재 육성을 위해 향후 3년간 15억 달러 이상의 금액을 지원할 용의가 있으며, 4만 명 규모의 인적 교류를 추진 할 것이다"라고 발표하였다. 이러한 대對 아세안 인재 육성 프 로젝트는 일본과 아세안의 관계 강화를 위해 필요하기는 하지 만, 현재 재일 유학생의 약 65%가 중국인 유학생이며, 그들 대 부분이 유학 비용과 수업료, 높은 물가 등으로 고생하고 있다는 점을 감안한다면, 중국에 대한 인재 육성 프로젝트에 우선순위 를 두어야 할 것이다. 이를 위해서는 중국에 대한 일본의 ODA

(정부개발원조)를 활용할 필요가 있다. 3장을 보면, 중일 양국을 담당할 차세대 인재 육성을 비롯한 구체적 제안이 제시되어 있다.

중일 양국의 정치 지도자가 관계 회복에 손을 놓고 있는 사이에도 아세안을 중심으로 동아시아, 인도 등 아시아 전체로 확산되고 있는 지역 통합의 톱니바퀴는 계속 움직일 것이다. 일본이 그동안 지역 통합에 대해 수동적인 자세로 일관해 온 배경에는 대미 관계, 대對 중국 관계와 같은 외교상의 정치 문제와 더불어 실질적으로는 일본의 농업 문제라는 중대한 국내 정치 문제가 있었다. 이 문제에 대해서는 6장에서 상세히 설명하고 있으니 참고하길 바란다. 그러나 한·중·일과 아세안이 각각 FTA 및 EPA 협상을 추진하고 있는 오늘날, 일본은 농업 문제를 이유로 WTO(세계무역기구)와의 농업 협상 때와 같이 쌀을 포함한 중요 농산물의 자유화를 미루어서는 안 될 것이다. 일본의 농업 문제는 동아시아와의 농업 분야에 대한 지역 협력, 나아가서는 "동아시아 공동 농업 정책"의 일환으로서 대응할 필요가 있다.

또한 6장에서는 일본만이 기여할 수 있는 분야에 대해서도 구체적으로 제안하였다. 예를 들어, 환경 분야에서는 중국의 "서부 대개발 계획"에 대한 중국과 일본의 협력과 한·중·일·대만에 의한 지역 환경 협력을 들 수 있으며, 에너지 분야에서는 석유 공동 비축 구상 및 석유 공동 개발 구상, 에너지 공급을 위한 해상 안전 보장 등을 들 수 있을 것이다. 그리고 금융 분야에서는 아시아 채권 시장 구상, 아시아 공동 통화권 구상

등의 지역 협력 프로젝트를 들 수 있다. 이러한 협력 안건의 실
현 과정을 통해 동아시아 각국은 "공동체 의식"을 공유할 수 있
으며, 특히 중일 간의 상호 신뢰 관계의 구축에도 도움을 줄 수
있을 것이라 기대한다.

그동안 일본은 제2차 세계대전 이후 아시아에 대한 경제 협력
을 비롯하여, 최근의 아시아 통화 위기에 대한 대응, 나아가서
는 중국에 대한 환경 협력 등 실질적으로 상당한 공헌을 해왔
다. 그럼에도 불구하고 일본은 아시아, 특히 동아시아 국가들에
게 충분한 이해와 평가를 얻지 못하였다. 기본적인 원인으로는
과거 침략 전쟁과 이에 따른 역사 인식의 차이 등이 바닥에 깔
려 있을 것이다. 그러나 또 다른 원인을 들자면, 전후 일본 외교
에서 일관된 아시아 중시 정책이 없었기 때문이기도 하다. 분명
히 슬로건으로서의 아시아 중시 정책은 존재했다. 그러나 전후
일본 외교의 일관된 최우선 과제는 대미 중시 정책이었으며, 현
재 그러한 경향은 더욱더 심화되고 있다. 또한 전후 복구 과정
에서 일본이 원했던 것은 급속한 경제 발전을 이뤄 선진국 대
열에 끼는 것이었다. 이 때문에 일본 외교가 추구하는 방향은
상당히 선진국 지향적이었다. 일본은 당시 개발도상국 단계에
있던 많은 아시아 국가들에게 속죄하는 의미에서 경제 협력을
하고는 있었지만, 중점을 두고 있던 일본 외교 정책으로는 볼
수 없다. 일본이 그동안 동아시아 지역 통합의 흐름을 본격적으
로 타지 못했던 최대의 이유는 미국에 대한 배려와 일본 엘리
트들의 의식 속에 찌들어 있는 "탈아입구脫亞入歐"[1] 사상 때문이

아니었나 싶다.

2002년 1월, 고이즈미 총리는 싱가포르에서 "동아시아 커뮤니티an East Asian community" 구상을 발표했다. 2002년 12월, 동경에서 열린 일본-아세안 특별 정상 회담에서 채택된 "동경 선언"에도 명시되어 있는 이 구상은 일종의 슬로건이기는 하지만, 일본이 시대의 흐름에 따라 아시아에 대한 관심을 높이기 시작했다는 증거라는 점에서는 크게 평가받을 만하다. 그러나 일본은 미국과의 관계를 의식하여 커뮤니티를 아세안+3으로 제한하길 꺼려했으며, 일본이 제안하는 "동아시아 커뮤니티"의 개념 또한 상당히 모호했다. 뿐만 아니라 일본은 커뮤니티 구상 아래서 호주와 뉴질랜드에게 참가를 촉구하였다.

그런데 2004년 9월, 고이즈미 총리는 유엔 총회의 일반 연설에서 "나는 아세안+3이라는 기초에 입각하여 '동아시아 공동체' 구상을 제창한다"라고 발언하였다. "동아시아 커뮤니티" 구상이 표현상으로 보다 명확한 "동아시아 공동체" 구상으로 전환된 것은 발전된 양상이라 파악할 수도 있을 것이다. 그러나 내용 면에서는 구체적인 진척이 있다고 볼 수 없기 때문에 향후 진전 양상을 지켜봐야 할 것이다.

이에 앞서 2004년 8월 13일, 미국의 파월 국무장관(당시)은 워싱턴에서 가진 일본 『아사히신문朝日新聞』과의 인터뷰에서 "이러한 틀(동아시아 공동체 구상)의 필요성에 대해서는 아직도 납득이 가지 않는다. 그러나 미국과 이 지역 국가들과의 양국 관계가 손상되지 않는다면 참가 여부는 자유다"라는 지극히 조심스러운 발언을 한 바가 있다. 동아시아에서 정치, 경제, 군

사상의 위상을 유지하고자 하는 미국으로서는 당연한 대답이
었다.

아무리 간절히 원해도 일본은 NAFTA와 EU에 가입할 수
없으며, 마찬가지로 미국도 EU에 가입할 수는 없다. 지역 통합
이란 그런 것이다. 현재 아세안뿐 아니라 한국과 중국도 동아시
아 지역 통합을 아세안+3 포럼에서 발족시켜 확고히 다져 나
가길 원하고 있다. 그 후, 동아시아 지역 통합이 순조롭게 진전
되면서 보다 열린 통합체로 발전되어 나가는 것이 바람직한 형
태일 것이다. 또한 일본은 미국의 압력에 굴하지 않고 동아시아
의 오리지널 멤버에 의한 동아시아 지역 통합을 지향해야 할
것이다.

일본이 계속 미국의 영향력을 의식한다면, 일본은 아시아
지역 통합의 흐름에서 뒤처져 고립되고 말 것이다. 이는 아시아
의 평화와 안정에 있어서 최악의 시나리오라 할 수 있다. 만약
미국이 진심으로 동아시아 지역의 평화와 안정을 원한다면, 미
국은 '일본이 중심이 되어 발전해 나가는 동아시아 지역 통합'
이 얼마나 중요한지 인식해야 할 것이다. "동아시아 공동체" 구
상의 구체화는 동아시아 지역 통합을 향해 일본이 발사하는 제
3탄 로켓으로서 중요한 역할을 달성할 수 있을 것이다.

또한 일본의 대미 정책과 비교하면 최근 일본의 대對 중국
정책은 극단적으로 균형을 잃은 듯이 보인다. 예를 들어, 현재
일본 외교를 담당하고 있는 간부들 중 소위 '차이나 스쿨'이라
불리는 중국 전문가의 수는 지극히 적을 뿐 아니라, 대다수는
중국과 직접적으로 관계가 없는 부서에 배치되어 있다. 이는 현

재 정치 지도자의 정책을 반영한 인사 방침이겠지만, 이대로라면 제대로 된 대중 외교가 진척될 수도 없을 뿐더러 일본의 국익에도 커다란 손실일 것이다. 따라서 중일 관계는 반드시 개선되어야 할 것이다. 일본이 중국을 함께 발전하는 동반자로 생각하고 협력하지 않는다면 동아시아에서 실효성 있는 "경제 공동체," 나아가 이를 넘어선 "공동체"를 성립시키기는 어려울 것이다.

21세기 초를 맞이하면서 세계 정치 · 경제의 앞날을 전망해 볼 때, 미일 동맹도, 중미 관계도 변하지 않는다는 법은 없다. 또한 이에 대응하기 위해서는 일본의 대 중국, 대 아시아 정책도 변할 수밖에 없을 것이다. 일본은 이와 같은 세계 변화를 직시하여 장기적인 시각에서 자주적, 다각적 외교를 전개해야 한다. 21세기는 세계 경제가 새롭게 3극 구조화되는 가운데, 일본이 미국 및 유럽과 협조 관계를 유지하면서도 약진하는 아시아와 함께 걸어 나아가야 하는 세기이다.

이상과 같이 필자는 그동안 일본 외교에 많은 비판을 가해 왔다. 이는 필자가 걸어 온 길에 대한 반성이기도 하며, 또한 지금도 밤낮 없이 일본 외교의 강화를 위해 고투하고 있는 현역 후배 외교관들에 대한 기대와 격려이기도 하다. 일본 외교의 과오에 대한 책임은 정치에도 있다. 필자는 새로운 역사관과 국제적 경험을 가진 차세대 지도자들을 육성하길 바란다. 그러한 의미에서 일본의 젊은 세대, 나아가 중국의 젊은 세대들이 이 책을 읽어 주길 바란다.

이 책을 집필하는 데 있어 실로 많은 사람들의 도움이 있었다. 히토츠바시一橋 대학의 고지마 키요시小島清 명예 교수는 "동아시아 경제권" 문제에 대해서 많은 충고와 함께 혁신적인 지적 지원으로 필자를 격려해 주었다. 교토京都 대학의 이토 미쓰하루伊東光晴 명예 교수도 이 책의 집필 과정에서 귀중한 조언을 해주었다. 또한 와세다早稲田 대학의 오쿠시마 타케야스奥島孝康 전 총장, 시라이 카츠히코白井克彦 총장, 법과 대학의 고구치 히코타小口彦太 교수, 정치경제학부의 니시카와 준西川潤 교수, 요다 요시이에依田憙家 명예 교수, 아시아 태평양 연구센터의 린화성林華生 교수 및 고바야시 히데오小林英夫 교수, 후쿠이福井 현립대학의 린신콴凌星光 명예 교수는 중국을 연구하는 데 많은 도움을 주었다. 또한 외무성의 관계 각과로부터는 자료를 제공받았다. 이 모든 사람들에게 이 기회를 빌어 감사의 말을 전하고 싶다. 그리고 이와나미岩波 출판사의 사카마키 카츠미坂巻克巳 씨와 사토 츠카사佐藤司 씨에게는 이 책의 집필 과정에서 수년간에 걸쳐 인내심을 가지고 지도해 준 점에 대해 감사의 뜻을 전하고 싶다. 마지막으로 나의 원고를 타이핑하고 내용을 세세하게 편집해 준 나의 아내 히로코裕子와 젊은이들의 입장에서 조언을 해준 필자의 장남 켄健에게도 고맙다는 말을 전하고 싶다.

I. 왜 지금 동아시아에
지역 통합이 필요한가

1. 세계화 하의 지역화

21세기 초의 세계 경제는 언뜻 보기에도 상반된 두 개의 흐름이 동시에 진행되고 있다. 전 세계를 하나로 둘러싼 세계화의 큰 흐름 속에 EU와 NAFTA로 대표되는 대규모 지역 통합이 진전, 확대되는 지극히 독특한 현상을 보이고 있는 것이다. 2004년 5월, EU는 동유럽 국가 등 새롭게 10개국을 회원국으로 받아들여 25개국이 되었으며, 앞으로도 그 수는 늘어날 전망이다. 한편 NAFTA는 순조롭게 나아간다면 현재의 미국, 캐나다, 멕시코 3개국에 중남미 국가까지 받아들여 34개국이 될 전망이며, 미주 자유무역지대(Free Trade Area of the Americas: FTAA)가 성립될 예정이다.

이러한 지역화 확대 경향은 세계화에 역행하는 현상처럼

보이지만, 오히려 세계화로 인해 일어난 것이라고 보는 편이 타당할 것이다. 1980년대 말에 냉전 구조가 종식되면서 세계화가 진전되지 않았다면, EU는 동유럽으로 확대되지 않았을 것이다. 또한 동유럽과 유럽 소국을 포함한 확대 유럽이 지향한 것은 범 유럽주의라는 역사적 꿈의 실현이었지만, 실질적으로는 미국 주도의 세계화에 대항하는 수단으로서 유럽의 정치 · 경제 통합이기도 했다.

한편 미국은 지금까지 GATT(관세 및 무역에 관한 일반 협정)의 무차별 무역 자유화 원칙에 따라 지역 통합에 대해서는 비판적이었지만, EU의 대규모 지역 통합을 향한 움직임에 대항하기 위해 1992년경부터 NAFTA 설립을 위한 활동을 시작하였다. 이러한 미국의 정책 전환의 영향력은 지대하여, 그 무렵부터 세계 각지에서 자유 무역 협정 등 수많은 지역 협정이 체결되기에 이르렀다.

2. GATT/WTO의 기능 마비

현재 WTO에는, 전신인 GATT 시절 체결된 협정들을 포함하여 약 280개의 지역 협정이 등록되어 있으며, 그중 146개가 실질적으로 기능하고 있다고 보고되고 있다. 이러한 세계 무역의 현상은, 필자처럼 제2차 세계대전 후 GATT의 무차별 무역 자유화 원칙 하에서 경제 외교에 임해 온 사람에게는 놀랄 만한 일이지만, 이는 GATT 규정상 예외 규정이었던 제24조(관세 동맹 및 자유 무역 지역)가 현실적으로 일반 규정화되었다고 볼 수 있다.

규정상, GATT/WTO는 보고된 모든 지역 협정이 GATT의 제24조 관세 동맹에 해당되는지, 그리고 자유 무역 지역에 해당되는지 여부를 심사해야 한다. WTO에 지역 협정을 심사하는 위원회가 있기는 하지만, 처리 능력상 심사 건수는 연간 10건 정도에 불과하며, 게다가 지역 협정을 불허한 경우도 없다. 이러한 상태로는 엄정한 심사는 불가능하다고 할 수 있다.

또한 현재의 WTO는 선진국, 특히 미국, 캐나다, 일본, EU의 지배하에 운영되었던 GATT의 전통이 무너져, 1999년 말 시애틀 정상 회의에서의 좌절이나 2003년 9월 멕시코 칸쿤 정상 회의에서의 남북 대립에서 보는 바와 같이 개발도상국이나 NGO의 압력에 의해 라운드 협상을 예정대로 진행하지 못하고 있다. 이러한 상황에서 GATT/WTO의 산파역이라고 할 수 있는 미국과, 이를 추종하는 주요 선진국들도 다자간 무역 자유화를 달성하기보다는, 보다 쉬운 양자간 또는 다자간 지역 협정에서 활로를 찾게 되었다. 대규모 지역 통합의 대표적인 예라고도 할 수 있는 EU와 NAFTA는 이미 GATT 제24조가 상정하고 있는 관세 동맹과 자유 무역 지역의 범위를 벗어난 상태이다. 뿐만 아니라 EU는 역외 국가들과 약 30개에 달하는 지역 협정을 체결하고 있으며, 미국도 확대되고 있는 NAFTA를 넘어 아시아, 중동, 아프리카 국가들과의 양자간 지역 협정을 체결하기 시작했다. 즉, 현재의 세계 경제는 EU나 NAFTA 등의 대규모 지역 통합이 추진되는 한편, 각 지역 간, 국가 간에 많은 지역 협정이 체결되고 있으며, 세계 무역 국가의 대부분이 FTA 등의 지역 협정이 복잡하게 얽힌 네트워크로 연결되어 있는 것이다. 이러한 현상은 GATT 시대에는 상상도 할 수 없었던 일이며, 현재로서는 WTO의 본래 기능이 마비되어 있다고 볼 수 있다.

3. 지역화 흐름에 뒤쳐진 일본

일본은 이러한 흐름 속에서도 2000년 이후 싱가포르와 경제 동반자 협정에 대한 협상을 시작하기 전까지 GATT 본래의 무차별 무역 자유화 원칙을 기본 무역 정책으로 삼고 있었다. 필자는 1990년부터 1996년 말까지 OECD(경제협력개발기구) 사무차장으로 재직하고 있었는데, 당시의 경험에 비추어 보더라도, 일본 정부는 1990년대 중반까지만 해도 각료 회의의 공동 성명서를 작성하는 데 있어 당연한 일처럼 다자간 무역 자유화의 중요성을 주장했으며, 지역화의 움직임에 대해서는 비판적 견해를 표명했다. 이에 대한 다른 회원국의 반응은 대부분 냉담했다. 그 이유는 당시 OECD 회원국이 일본과 터키를 제외하고는 모두 EU 또는 NAFTA 회원국이거나 호주, 뉴질랜드와 같이 CER(Closer Economic Relation Agreement: 경제 관계 긴밀화 협정) 체결 국가였기 때문이다.

일본의 주장은 분명 본래의 GATT 원칙에 입각한 정론이었다. 사실 일본은 제2차 세계대전 이후 다자간 무역 자유화의 물결을 탔기 때문에 비약적 발전을 이룰 수 있었으며, 또한 GATT의 혜택을 가장 많이 받은 국가이기도 했다. 필자를 비롯하여 전후 GATT 체제 하에서 자란 세대는 경제 블록화를 '20세기 초기에 두 번 일어난 세계대전의 원인'이라고 배워 왔다.

세계화 속의 지역화는 이데올로기와 내용 면에서 GATT의 이념과 크게 동떨어져 있다. 그러나 주요 선진국들은 대부분 지역 통합체에 소속되어 있으며, WTO는 물론 OECD와 같이 무역 자유화를 존립 기반으로 삼고 있는 국제기구조차도 지역화를 인정할 수밖에 없게 된 것이다. 이러한 국제 환경의 변화 속에서 일본의 주장은 현실 인식을 결여하고 있었다고 할 수밖에 없다.

1990년대 일본 경제는 세계화의 파고에 의한 혼란 속에서 '잃어버린 10년'을 경험하게 되었다. 그러한 상황에서도 국내 경제 정책은 규제 완화, 부실 채권 처리, 민영화, 구조 개혁 등 일련의 개혁 과정을 통해 나름대로 성과를 얻은 것도 있었다. 그러나 대외적으로 본다면 세계화 가운데 형성되어 온 지역화의 의미를 충분히 파악하지 못하여, 이에 대응하기 위한 정책을 조속히 마련하지 못했다는 사실은 부정할 수 없다. 일본은 WTO 체제의 중요한 한 축을 담당하고 있다. 또한, OECD의 주요 회원국이자 G8(선진 8개국 정상 회의)의 회원국이기도 하다. 이와 같이 세계 정치 경제의 동향을 일찍 파악하고도 남을 입장에 서 있는 일본이 어째서 세계화에만 눈을 빼앗겨 지역화에 신속히 대응하지 못한 것일까. 그 이유를 밝히고 검증하는 일은, 앞으로 일본이 "동아시아 공동체"의 전신으로서의 "동아시아 경제 공동체"의 성립 가능성을 검토하는 데 있어 피할 수 없는 과제이다. 이 점에 대해서는 나중에 다시 언급하고자 한다.

　일본이 GATT/WTO 체제의 다자간 자유 무역 원칙을 고수한 이유는 무엇인가? 일본은 지리적으로 아시아권에 존재하고 있기 때문에, 제2차 세계대전 이후 외교의 기본 방침으로 아시아 중시 정책을 내건 것도 사실이다. 그러나 실제로는 서방 선진국, 특히 대미 관계를 너무 중요시한 나머지 아시아에 대한 외교 정책의 방향을 설정하지 못하고 있었다. 일본이 다자간 자유 무역 원칙에 집착한 데에는 이와 같이 복잡한 정치적, 경제적, 역사적 배경이 작용하고 있었던 것이다.

4. 왜 동아시아의 지역 통합이 지연되었는가

동아시아의 유일한 선진국이며 경제 대국이기도 한 일본이 이와 같이 지역화에 소극적이었던 탓에, 동아시아는 오늘날 상당한 경제 발전을 이뤄 21세기 세계 경제 발전의 중심으로 주목받고 있음에도 불구하고 최근까지 지역화의 움직임을 보이지 않았다.

　1997년, 태국에서 시작된 아시아 경제 위기는 동아시아의 많은 나라들에게 막대한 피해를 끼쳤다. 그러나 아이러니하게도 21세기에 들어서면서 통화 위기를 극복한 아세안(동남아시아국가연합) 국가들을 중심으로 동아시아 지역 통합 움직임이 생성되기 시작했다. 그 경위에 대해서는 나중에 언급하도록 하겠다.

그렇다면 어째서 동아시아에는 그동안 지역화의 조짐이 보이지 않았던 것일까. 그 이유는 바로 동아시아가 갖고 있는 정치, 경제, 문화, 종교, 민족 등의 다양성 문제와 깊이 관련되어 있다. 이러한 다양성 때문에 동아시아에서 EU 같은 형태의 정치적 통합을 기대하기 어렵다는 말까지 나오고 있다. 그러나 동아시아가 제2차 세계대전 이후 비약적 발전을 이룬 일본을 중심으로 안행雁行형 발전을 이루어 왔다는 사실을 고려해 볼 때, 만약 일본이 강력한 리더십을 발휘했다면 좀 더 빨리 동아시아에 경제 공동체가 형성되었을 지도 모른다. 그러나 일본은 제2차 세계대전을 통해 동아시아 지역에 막대한 피해를 끼쳤다는 역사적, 정치적 원죄의식을 갖고 있었으며, 전쟁 중 일본이 구축하려 한 대동아 공영권 구상을 동아시아 국가들에게 다시 상기시킬까 두려워 동아시아 공동체 혹은 동아시아 경제 공동체 성립을 위한 주도권을 잡아가기가 어려웠다.

제2차 세계대전 후, 일본은 호주와 함께 환태평양 경제 협력 구상을 추진해 왔다. 그러나 1989년에 이 구상을 최종적으로 APEC(아시아 태평양 경제협력체)으로 발족시킨 것은 호주였다. 이러한 결과 또한 앞에서 말한 것과 같은 사실이 반영된 것으로 보인다.

APEC은 동아시아 국가 이외에도 미국, 캐나다, 러시아, 멕시코, 페루 등 21개국으로 구성된 협의체로서 동아시아의 지역 통합체라 할 수는 없다. 따라서 현재 동아시아에 존재하는 유일한 지역 통합체는 1967년에 설립된 아세안이다. 아세안은 정치 통합체로서 발전해 왔지만, 1992년에는 AFTA(아세안 자유 무역 지역)를 발족시켰다. 아시아 통화 위기 이후에는 아세안과 한국, 중국, 일본을 연결시키는 아세안+3의 지역 협력 형태가 파생되었다. 그러나 현재 협력 관계는 아세안을 중심으로 한국과 아세안, 중국과 아세안, 일본과 아세안이라는 형태로 개별적으로 추진되고 있으며, 중요한 3개 경제 대국인 한국, 중국, 일본 간에 경제적 관계가 심화되고 있음에도 불구하고 일본과 중국의 대립 구도 때문에 현재로서는 지역 전체의 협력 관계를 수립하기는 어려울 것이다.

즉, 세계적으로 지역화가 확산, 심화되고 있음에도 불구하고, 동북아시아에서는 한, 중, 일 경제 대국이 어느 경제권에도 속하지 못하고 있는 것이다. 그렇다면 과연 한, 중, 일 경제 대국이 협조하여 아세안과 일체화된 "동아시아 경제 공동체"를 만들어 나가기 위해서는 어떻게 해야 할 것인가. 필자는 이 점을 이 책에서 논하고자 한다.

2. 움직이기 시작한 동아시아 지역 통합

1. 아세안의 역할 확대

(1) 정치적 주체성을 확립한 아세안의 발전

아세안은 1967년 8월, 인도네시아, 말레이시아, 필리핀, 싱가포르, 태국 등 5개국에 의해 경제적, 사회적, 문화적 지역 협력 기구로서 설립되었다. 당시 필자는 방콕에 위치한 유엔 ECAFE (아시아극동경제위원회, 현 ESCAP: 아시아 태평양 경제사회위원회) 사무국에 근무하면서 지역 통합 문제 전문가였던 예일 대학의 발라사Bela Balassa 교수와 함께 ECAFE 지역의 지역 경제 통합 가능성에 대해 연구하고 있었다. 당시 ECAFE는 이미 극동, 동남아시아, 남태평양, 서남아시아 지역 및 이란, 아프가니스탄으로까지 확장되어 있었다. 게다가 이 지역은 정치, 경

제, 사회, 문화, 종교 등 여러 면에서 상당히 다양화되어 있어,
이 지역 전체를 하나로 묶는 지역 통합은 불가능한 일이었다.
당시 논의된 지역 통합은 지리적으로 가깝고 비교적 동질성을
갖는 소지역을 중심으로 고려된 것이었다. 예를 들어, 동남아시
아에서는 태국, 말레이시아, 인도네시아 및 주변국이, 남아시아
에서는 인도, 파키스탄 및 주변국이 연구 대상으로 논의되었다.
그러나 당시 이들 지역에는 경제적 상호 의존 관계가 거의 없
었으며, 역내 무역 의존도가 지극히 저조했기 때문에 대부분 역
외 국가인 미국, 일본, 유럽 등으로 수출을 하고 있었다.

　　이러한 상황에서 결성된 아세안은 공식적으로는 경제, 사
회, 문화 면에서의 지역 협력을 목적으로 내세우고 있었지만,
실질적으로는 정치적인 동기에서 설립되었다는 색채가 농후했
다. 결성 전의 아세안 국가들은 ECAFE에서도 국가 단위로서는
소국이었기 때문에, 인도, 파키스탄 등과 비교하면 존재감이 희
박했다. 이들 국가들은 ECAFE의 역내 가입국이었음에도 불구
하고, 회의 중 역외 가입국인 소련(당시)의 모욕적인 발언에 대
해서도 강하게 반발하지 못하는 경우를 종종 볼 수 있었다.

　　그러나 아세안 발족 후의 그들은 점차 정치적 정체성을 확
립하여, ECAFE에서 뿐만 아니라 UN에서도 아세안 그룹으로서
의 정체성을 확립해 나갔다. 1970년대에 들어서 아세안은 급변
하는 인도차이나 정세, 나아가 중국의 위협에 대비하기 위해 정
치적 결속에 힘썼으며, 1971년에는 "동남아시아 평화 · 자유 ·
중립 지대 선언"을 채택, 결속함으로써 대국에게 지배당하지
않기 위해 힘썼다. 나아가 1976년에는 "아세안 화합 선언," "동

남아시아 우호 협력 조약"(TAC)을 채택하여 동남아시아의 안 전 보장 문제에도 적극적으로 관여하기 시작했다. 1984년에는 브루나이가 가입하였으며, 1995년에는 베트남, 1997년에는 라 오스와 미얀마, 1999년에는 캄보디아가 가입하면서 가입국 수 가 10개국이 된 아세안은 거의 동남아시아 전역을 포함한 지역 통합체로 발전해 나갔다. 미얀마와 캄보디아의 가입에 대해서 는 미국이 인권 문제를 내세워 반대를 표명하였지만, 아세안은 이 두 나라를 가입국으로 맞이한다는 방침을 관철시켰다. 이는 아세안이 정치적 결속에 자신감을 갖고 지역 통합에 강한 확신 을 갖게 되었다는 사실을 증명하는 일례라 할 수 있다.

지역 통합의 진전과 더불어 아세안은 역외 국가들과의 협 력 관계를 강화하고 있다. 1993년에는 "아세안 확대 외무장관 회의"가 열려, 아시아로부터는 한국, 중국, 일본이 참가하였으 며, 오세아니아로부터는 호주, 뉴질랜드, 그리고 구미 지역으로 부터는 미국, 캐나다, EU, 러시아 등지의 외무장관급 대표들이 참가하였다. 그 이후 외무장관 회의는 매년 7월에 개최되고 있 다. 아세안은 1994년부터 이들 국가 대표를 아세안 지역 안보 포럼(ARF)에 초청하여, 아시아 태평양의 안전 보장 문제에 대 해 논의하기 시작하였다. 현재 ARF는 아시아 태평양 지역의 유 일한 정치적 안전 보장 논의 포럼으로서 자리 매김하고 있다. 1996년에는 싱가포르의 고촉통 수상(당시)의 제창에 의해 EU 와 아시아 10개국(아세안 7개국과 한국, 중국, 일본)이 참가하는 ASEM(아시아 유럽 정상 회의)이 설립되어 격년 단위로 정상 회 의가 개최되고 있다.

이러한 대외 관계의 강화가 아세안의 국제적 지위를 높였
다는 사실은 말할 필요도 없으며, 1997년 12월 정상 회의에서
아세안이 동북아시아의 3개 경제 대국인 한국, 중국, 일본을 파
트너로 삼아 아세안+3 정상 회의를 제도화시킨 것은 동아시아
지역 통합을 이루고자 하는 관점에서 볼 때 상당히 중요한 사
건이었다. 또한 이 시기가 대부분의 아세안 국가들이 큰 피해를
입은 IMF 위기 발생 직후였다는 사실도 주목할 만하다.

(2) 지역 경제 통합에 적극적인 아세안

이와 같이 아세안은 지역 통합을 이루기 위해 정치적인 정체성
확립을 우선적으로 시도하였지만 역내 경제 통합은 결코 쉽지
않았다. 당시 아세안 국가들의 경제적 상호 의존 관계는 희박하
여 무역은 미국, 일본, 유럽 시장에 의존하는 형태로 발전하고
있었으며, 역내 산업의 수평 분업은 좀처럼 발전하지 않았다.
1970년대 말, 필자가 필리핀에서 근무하고 있을 때, 아세안은
역내 관세 삭감이나 산업의 분업화를 추진하려 했지만, 각국의
이해관계가 대립되어 합의 도출에 이르지는 못하였다. 당시 아
세안에는 필리핀의 마르코스 대통령과 싱가포르의 리콴유 수
상 등 강력한 정치 지도자들이 존재하였으며, 이들은 역내 경제
협력을 추진하고자 노력하였지만, 각국의 강한 경제적 내셔널
리즘이 이들의 노력을 저지하고 있었다.

1990년 말, 말레이시아의 마하티르 총리(당시)는 동아시아
경제 그룹(East Asia Economic Group: EAEG) 구상을 발표하였

다. 이 구상은 당시의 EC(유럽공동체)를 중심으로 한 대大유럽 구상(이후의 EU)이나 NAFTA의 진전에 대항하기 위한 것으로, 아세안, 한국, 중국, 홍콩, 일본, 나아가서는 베트남, 캄보디아 등을 포함한 아시아 경제 통합체를 결성하려는 것이었다. 그러나 이 구상은 선진국 중에서는 일본만이 회원국일 뿐 호주와 뉴질랜드, 미국은 제외되어 있었기 때문에, 호주와 미국은 이에 대해 배타적인 경제 블록이라며 강한 비판을 제기하였다. 이에 따라 EAEG 구상은 아세안의 지지를 얻기 위해 배타적 경제 블록의 성격을 크게 완화시킨 동아시아 경제협의체(East Asia Economic Caucus: EAEC) 구상으로 전환되었다. 그러나 미국과 호주, 뉴질랜드의 비판은 여전히 강하였으며, 결국 일본이 미국과 같은 뜻을 표명함에 따라 EAEG 구상은 실현되지 못하였다.

이와 같이 아세안이 1990년대에 들어서면서 경제 통합의 길을 모색하기 시작한 이유는 이러했다. 세계화 아래에서는 자본과 무역의 자유화를 추진할 수밖에 없으며, 외국 자본과 기술을 도입하기 위해서는 아세안을 보다 매력적인 경제 시장으로 통합해야 했기 때문이다.

OECD는 1990년 2월, 사상 최초로 아시아로부터 NIES(신흥 공업 경제 지역)의 대표격인 한국, 홍콩, 대만, 싱가포르 그리고 당시 꾸준히 경제 발전을 이루고 있던 말레이시아와 태국을 OECD와의 대화에 초청하여 무역, 투자, 금융, 증권 등 많은 분야에서 워크숍을 개최하였다. 필자는 약 6년간 OECD 사무차장으로서 이 모임을 담당하면서, 약진하는 아시아 경제를 연구할 기회를 얻게 되었다. 아시아 경제와의 대화는 1990년대 중반부터 중국, 인도, 인도네시아, 필리핀 등지로 확대되었다. 1990년대에 아시아 경제는 놀라운 성장세를 기록하였다. 이는 필자가 1960년대 후반에 ECAFE 사무국에서 아시아 개발도상국 발전의 실마리를 찾기 위해 밤낮으로 악전고투하던 시절에는 상상도 할 수 없었던 일이었다.

OECD와의 대화에 참가한 국가들 중 한국은 1996년 말에 OECD에 가입했으며, 아세안 회원국인 싱가포르, 말레이시아, 태국, 필리핀, 인도네시아도 자국 경제 발전에 확신을 갖고 OECD가 추구하는 무역과 자본의 자유화를 추진하기 위해 체제를 정비해 나가고 있다.

또한 아세안은 역내의 본격적인 경제 통합을 실현하기 위해 1992년에 AFTA를 발족시켰다. AFTA의 당초 계획은 원칙적으로 15년 이내에 농업 가공품을 포함한 모든 공업품의 수입 관세를 단계적으로 삭감하여, 2008년에 관세를 5% 이하로 설정하는 것이었지만, 아세안은 예정보다 5년 빠른 2003년에 이 목표를 달성하였다. 따라서 현재 아세안 선발 회원국인 싱가포르, 말레이시아, 태국, 필리핀, 인도네시아, 브루나이 등 6개국의 역내 관세는 원칙상 5% 이하로 규정되어 있다. 또한 향후 목표로서 후발 회원국에 대해서도 베트남(2003), 라오스, 미얀마(2005), 캄보디아(2007)의 역내 관세를 선발 회원국과 같은 수준으로 끌어내리기로 결정하였다. 또한 아세안은 전 지역 역내 관세의 완전 철폐, 투자에 대해 원칙상 자유화 도모, 서비스 무역이나 숙련 노동자의 이동의 자유 추진 등을 향후 목표로 내걸고 있다. 이러한 목표가 달성되면 아세안은 자유 무역 지역을 넘어 경제 공동체로서의 발전 가능성을 높이게 될 것이다.

(3) 지역 통합의 중심으로서 아세안

이상과 같은 30여년에 걸친 아세안의 발전 과정을 살펴보면, 아시아와 같이 정치·문화·종교가 다양한 지역에서 지역 통합체를 이루는 일이 결코 쉽지 않다는 것을 알 수 있을 것이다. 이러한 의미에서 아세안이 이룬 업적은 높이 평가할 만하다.

앞에서 언급한 OECD와 NIES 간 대화에서 당초 OECD는 개발도상국적인 요소를 갖고 있는 NIES 참가국들에 대해 선진국의 입장에 서서 일방적으로 OECD 규정을 주입시키려 했다. 이러한 OECD의 태도에 NIES 참가국들은 크게 반발하면서, 대화라는 것은 상호 이해를 심화시키는 것이라고 주장하였다. 이와 같이 처음에는 삐걱거렸던 NIES와의 대화도 회를 거듭하면서 우호적 관계로 발전하였고, OECD도 NIES로부터 많은 점을 배울 수 있었다.

OECD측에서 볼 때, 아세안의 결속력은 상당히 강한 것이었다. 한 가지 예를 들면, 싱가포르는 경제 수준으로 보나 1인당 국민 소득 수준으로 보나 한국과 마찬가지로 OECD에 정식 가입할 수 있는 수준이었지만, 아세안과의 정치적 결속 관계를 유지하기 위해 OECD에는 가입할 생각이 없었다.

현재 아세안 10개국의 경제 발전 수준과 1인당 국민 소득은 큰 차이를 보이고 있다. 2002년 1인당 국민 소득을 예로 들면, 선진국 수준인 싱가포르(2만 690달러), 중간 소득 국가인 말레이시아(3,540달러), 저소득 국가인 베트남(430달러), 캄보디아(280달러) 등에서 보는 바와 같이 심각한 소득 격차를 보이고 있으며, 이로부터 지역 통합이 어려울 것이라는 사실을 예측할 수 있다. 아세안이 이와 같은 격차를 극복하고 지역적 결속력을 강화시켜 온 이유는 예전에는 인도차이나 반도의 공산주의 세력, 그리고 지금은 이 지역에 세력을 뻗치고 있는 중국으로부터 자국을 보호하기 위한 소국의 지혜 때문이었을 것이다. 예전에 위협 세력이라 간주했던 인도차이나 반도의 베트남, 라오스, 캄보디아를 새로운 회원국으로 받아들이고, 현재 공산주의 대국인 중국과 FTA를 체결하려고 하는 아세안의 선견지명과 외교적 능력은 대단하다 할 수 있다.

1970년대에 일본과 호주가 제창하던 환태평양 경제 협력 구상에 대해 아세안이 소극적이었던 이유는 아세안의 결속력이 더욱 견고해지기 전까지는 미국, 소련(당시), 중국, 일본 등 대국을 포함한 영역에 들어서기를 꺼려했기 때문이었다. 그러나 1989년 환태평양 경제 협력 구상에 따라 APEC이 설립되자, 아세안은 APEC 사무국을 싱가포르에 유치하고, 미국, 호주, 중국, 일본 등의 대국 대열에 끼어 적극적인 활동을 펼치기 시작했다.

이처럼 그동안 동아시아에서 항상 지역 통합의 주도권을 잡아 온 것은 일본도 중국도 아닌 아세안이었다. 따라서 앞으로도 아세안은 동아시아 지역 통합의 중추 역할을 할 것으로 주목하여야 할 것이다.

2. 지역 통합의 계기가 된 아시아 통화 위기

(1) 통화 위기의 교훈

1997년 7월에 태국에서 발생한 아시아 통화 위기는 눈 깜짝할 사이에 말레이시아, 필리핀, 인도네시아로 퍼져, 홍콩, 한국, 그리고 동아시아를 넘어 러시아, 브라질로 확대되어 갔다. 아시아 통화 위기로 인해 1980-90년대에 순조로운 발전을 이루고 있던 동아시아 경제는 막대한 피해를 입었다. 특히 아세안 경제가 받은 타격은 단순한 통화 위기에 그치지 않고 전반적인 경제 위기로 확산되었으며, 나아가 인도네시아에서는 정치 위기로까지 악화되어 갔다.

통화 위기 발생의 원인에 대해서는 이미 수많은 연구가 이루어지고 있으며 많은 설들이 분분하지만, 주목해야 할 점은 동아시아 국가들 중에서도 고도성장을 이뤄 비교적 좋은 경제적 기초 조건을 유지하고 있던 국가일수록 더 큰 타격을 받았다는 것이다. 그 이유는 이들 경제가 더 성장하기 위해 헤지펀드 같은 단기 자본에 크게 의존하면서 투기 대상이 되어 버렸기 때문이다. 아세안 국가들 중에서도 피해가 컸던 국가들은 장기 외국 자본보다 불안정한 단기 자본에 너무 의존했다는 점, 그리고 NIES의 자본 시장이 아직 미숙하고 취약했음에도 불구하고 자본 시장의 자유화를 너무 서두른 점 등은 반성해야 할 것이다. 그러나 동아시아의 NIES 국가들에 대해 거시 경제 정책의 일환으로서 자본 시장의 자유화를 강하게 요구하고 지도해 온 IMF (국제통화기금)와 OECD의 책임도 크다. 아시아 통화 위기 때 취해진 미국 주도의 IMF 정책은 이를 막기는커녕 오히려 상황을 악화시켰다. 통화 문제에 대해 항상 논의를 하였던 APEC도 막상 통화 위기가 일어나자 아무런 도움이 되지 못하였다.

일본은 아시아 통화 위기 발생 후, 즉시 아시아 통화 기금 (Asian Monetary Fund: AMF) 구상을 제안하여 통화 위기의 확산을 막으려 했다. 그러나 통화 위기는 전적으로 IMF의 주도 하에 대응해야 한다는 미국 재무부와 이에 동조한 중국에 의해 이 구상은 허무하게 무너지고 말았다. 일본의 AMF 구상은 예상치 못했던 동아시아 통화 위기에 급히 대응하기 위해 마련된 까닭에 충분한 구체적 내용과 사전 협상이 결여된 감이 있지만, 아시아 통화 위기가 단순한 통화 위기에 그치지 않고 전반적 경제 위기로, 나아가 인도네시아에서는 폭동 직전의 정치 위기로까지 번져 나간 경위를 생각한다면, 일본은 AMF 구상을 미일 양국의 재무성 간 협상에 맡길 것이 아니라 좀 더 고위급의 협상 자리에서 거론했어야 했다. 일본이 진정으로 대對 아시아 외교를 일본의 기축으로 삼고 있었다면 미국 재무부의 반대 정도로 간단히 물러서서는 안 되었던 것이다. 더욱이 인도네시아가 IMF의 긴급 자금 지원에 따른 각종 조건 수락에 주저하고 있을 때, 하시모토橋本 총리(당시)가 미국의 부탁을 받고 수하르토 대통령(당시)을 설득하기 위해 직접 자카르타를 방문한 것과 같은 행위는 상당히 적절하지 않은 것이었다. 인구와 경제 규모가 크고 개발이 늦은 인도네시아에서는 미국 주도하의 IMF 구제 정책이 생각대로 진행되지 않아, 과거 수십 년에 걸쳐 부지런히 쌓아올린 개발 성과가 불과 단 한 번의 통화 위기와 IMF의 부적절한 대응에 의해 무너지고 말았다.

이와 같이 현실은 IMF의 초기 구제 정책이 의도한 대로 진행되지 않아 동아시아의 많은 국가들이 큰 피해를 입었다. 이때 동아시아 경제 구제에 본격적으로 착수한 것이 바로 일본이었다. 일본은 IMF에 의한 지원 외에도 1998년에 "신 미야자와 구상新宮澤構想"[2]을 표명하였으며, "경제 구조 개혁 지원을 위한 특별 엔화 차관"[3] 등을 포함한 총 800억 달러에 달하는 지원을 실시했다. 아시아 통화 · 경제 위기로 인한 피해의 심각성을 인식하지 못한 미국은 일본의 AMF 구상을 무너뜨렸을 뿐, 아무런 구체적 지원도 실시하지 않았다.

그 후 수년간에 걸쳐 동아시아 국가들은 위기를 극복하고 다시 성장 궤도에 올랐다. 동아시아 경제가 비교적 빨리 통화 위기의 피해로부터 회복될 수 있었던 배경에는 동아시아 경제 자체의 성장력도 있었지만, 신 미야자와 구상을 비롯한 일본의 지원도 컸다고 할 수 있다. 또한 아시아 통화 위기라는 비참한 경험에서 얻은 많은 교훈들을 기반으로, 1999년, 2000년경에는 두 번 다시 통화 위기를 일으키지 않기 위한 방책 또는 통화 위기가 일어났을 경우 등에 대한 대응책의 검토로 이어졌다.

(2) 치앙마이 이니셔티브

아세안은 1997년에 쿠알라룸푸르에서 한국, 중국, 일본의 정상들을 초청하여 비공식 정상 회의를 개최하였으며, 이를 계기로 매년 아세안+3 비공식 정상 회의가 열리게 되었다.

1999년 11월 마닐라에서 열린 아세안+3 비공식 정상 회의에서는 금융·통화·재정 문제에 관한 지역 협력 강화가 합의되었으며, 이에 의거하여 아세안+3 장관 회의가 열리게 되었다. 2000년 5월 태국의 치앙마이에서 개최된 제2회 아세안+3 장관 회의에서는 다음과 같은 두 가지 사항이 합의되었다. 첫 번째는 자본 흐름에 대한 데이터를 교환하는 것이며, 두 번째는 기존의 통화 스왑 망을 강화하여 모든 동아시아 국가로 확대하는 것이었다. 이것이 소위 말하는 치앙마이 이니셔티브Chiang Mai Initiative이다. 이 치앙마이 이니셔티브로 인해 한국, 중국, 일본, 태국, 말레이시아, 필리핀, 인도네시아, 싱가포르 등 8개국 간에 체결된 통화 스왑 협정[4]은 2004년 4월 현재 16건으로 총 365억 달러에 달하고 있으며, 향후 그 규모는 더욱 확대될 것으로 보인다.

치앙마이 이니셔티브에 의한 통화 스왑 협정은 아시아 통화 위기 직후에 일본이 제안한 AMF 구상과 비슷함에도 불구하고 통화 스왑 협정이라는 기술적 문제가 있어서인지 미국 재무부의 반발 없이 순조롭게 운영되고 있다. 그 배경에는 다음과 같은 사실이 있었을 거라 예측된다.

첫 번째, 일본도 이 치앙마이 이니셔티브에 대해서는 아시아 통화 위기의 긴급 사태 때와는 달리, 미국을 비롯한 관계 각국과 충분한 교섭을 할 수 있었으며, 미국 측도 아시아 통화 위기에 대한 잘못된 대응, 특히 일본의 AMF 구상에 대해 충분히 검토하지 않은 채 반대한 사실에 대한 반성이 작용했다고 보인다. 또한 일본과 아세안 측이 미국의 의향을 고려하여 통화 스왑 협정에서 간접적으로나마 IMF의 개입을 인정한다는 타협책을 취한 점도 미국 측의 우려를 완화시키는 데 일조했다고 보인다. 두 번째, 미국에 동조하여 AMF 구상에 반대했던 중국이 치앙마이 이니셔티브에는 적극적으로 참가하였다는 점을 들 수 있다. 중국은 AMF 구상에 대해 그다지 깊은 지식이 있었다고는 생각되지 않으며, 미국에 대한 동조와 일본의 주도권에 대한 대항 의식 때문에 AMF 구상에 반대했을 것이라 생각된다. 그러나 중국은 아시아 통화 위기의 피해를 직시하면서 곧 다가올 외환 및 자본 시장의 자유화에 대비해야 한다는 생각에 태도를 바꾼 것이다. 이렇게 하여 성립된 치앙마이 이니셔티브는 협정국 간의 협력 아래 동아시아에 통화 스왑 협정 네트워크를 확대하고, 아시아개발은행(ADB)의 자금 흐름 모니터 기능을 활용하여 동아시아의 통화 안정에 기여하고 있다.

따라서 아시아 통화 위기는 결과적으로 동아시아데 아세안과 한·중·일 3개국을 연결시켜 주는 역할을 해준 셈이다. 통화 위기를 계기로 시작된 동아시아의 지역 금융 협력은 점차 무역·투자·경제 지원 문제 등을 포함한 지역 경제 협력으로 확대되어, 그 결과 아세안과 한·중·일 간에는 FTA 및 EPA의 길이 열리게 되었다. 또한 매년 열리는 아세안+3 정상 회의에서는 경제 문제뿐만 아니라 정치, 안전 보장 문제까지 협의하게 되었다. 이와 같이 동아시아에서 지역 통합의 기반이 형성되고 있다는 점이 주목된다.

3. 중국의 지역 통합을 향한 적극적 움직임

아시아 통화 위기에 대한 중국의 대응을 보면, 중국이 그동안 동아시아와의 지역 협력에 그다지 관심이 있었다고는 생각되지 않지만, 어쨌든 통화 위기 이후에 정책을 전환했다는 사실을 알 수 있다. 2001년 이후, 중국이 매년 하이난다오海南島에 동아시아 주요 대표들을 초청하여 동아시아 경제권 문제를 논의하는 아시아 포럼을 개최하고 있다는 사실이 그 증거이기도 하다. 게다가 아시아 포럼 제1회 회의는 장쩌민江澤民 국가 주석(당시)이 주최하여 일본의 나카소네中曾根 전 총리가 참석하였으며, 제2회 회의는 주룽지朱鎔基 수상(당시)이 주최하여 일본의 고이즈미小泉 총리가 참석하였다.

또한 이에 앞서 일어난 중요한 사건은 2000년 11월 아세안 정상 회의에서 주룽지 수상(당시)이 "중국-아세안 자유 무역 지역의 창설"[5]을 제안한 일이었다. 이 사건에 대해서 다른 국가들도 모두 놀랐지만, 특히 일본의 반응은 상당히 냉담하여, "이는 아세안에 대한 중국의 사탕발림에 불과할 뿐, 실현될 수 없다"는 반응이 대세를 이루었다. 그러나 중국은 아세안과의 협상을 적극적으로 추진하여, 2002년 11월 아세안 정상 회의에서 10년 이내에 "중국-아세안 자유 무역 지역"을 창설한다는 내용을 포함한 포괄적 경제 협력 협정에 서명하였다. 중국의 "중국-아세안 자유 무역 지역" 창설에 대한 의욕은 일본이 상상했던 것 이상으로 높았으며, 협상이 신속히 진행되어 특정 농산물[6]

에 관한 자유화가 2004년 1월부터 조기에 실시되었다(소위 말하는 조기 수확early harvest 조치). 2003년 초에 시작된 물품 관세 삭감 및 철폐 협상은 2004년 중반에 종료될 예정이었지만, 현재까지도 협상은 계속되고 있다.

2003년 1월 아세안 정상 회의 때 열린 한 · 중 · 일 정상 회담에서 주룽지 총리(당시)는 고이즈미 총리에게 경제 무역, 정보 통신, 환경 보호, 인재 육성, 문화 · 교육 등 5개 분야에 대한 한 · 중 · 일 3개국의 협력 관계 촉진, 특히 경제 무역 분야에 대한 한 · 중 · 일 FTA 체결에 대한 검토를 제안하였다. 이에 대해 고이즈미 총리는 WTO에 가입한 지 얼마 안 된 중국과 FTA를 체결하는 것은 시기상조라며 신중한 태도를 취했다. 일본의 외무성 관계자들뿐만 아니라 정부 관계자들과 수많은 중국 전문가, 그리고 학자들도 같은 입장을 취하고 있으며, 중국과의 FTA 체결은 14-15년 후의 일이라는 주장도 있지만, 중국의 적극적인 움직임과 이를 둘러싼 동아시아의 환경 변화를 보면 이러한 일본의 태도에는 장기적인 비전이 결여되어 있다고 할 수밖에 없다. 중국 경제의 급속한 시장화 및 자유화와 중일 경제의 상호 의존 관계 진전에 따른 중일 간 FTA 체결에 대한 압력이 일본 국내에서 가해질 가능성도 있다. 최근 JETRO(일본무역진흥회)의 조사에 따르면, 일본 기업들은 이미 중국과의 FTA 체결을 원하고 있었으며, 현재 교착 상태에 빠져 있는 한일 FTA 협상이 재개될 경우, 중국과의 FTA 협상에 대한 일본 국내의 움직임은 강화될 것으로 보인다.

4. 중국의 뒤를 잇는 적극적인 한국의 움직임

동아시아 지역 통합에 대한 한국의 대응은 중국 다음으로 적극적이라 할 수 있다. 1999년 11월 아세안 정상 회의 때 열린 한·중·일 정상 회담에서 김대중 대통령(당시)은 3개국 간 경제 협력 강화에 대한 한·중·일 연구 기관의 공동 연구 실시를 제안하였으며, 현재 일본의 일본종합연구개발기구(NIRA)와 중국의 국무원발전연구센터(DRC), 그리고 한국의 대외경제정책연구원(KIEP)이 무역, 투자 문제를 중심으로 공동 연구를 실시하고 있다. 또한 노무현 대통령은 2003년 2월 25일 취임 연설 서두에서 21세기 동아시아 시대의 한·중·일 공동체 형성을 촉구했다. 그러나 노무현 대통령 취임식에 유일한 국가 정상으로 참석한 고이즈미 총리는 이러한 촉구에 대해 아무런 반응도 보이지 않았다. 또한 일본의 외무성 관계자들도 노무현 대통령이 주장한 동북아시아 공동체를 별로 현실성 없는 이야기로 받아들였다. 현재 한국은 아세안과의 FTA 협상을 2005년 1월에 시작하여 2년 내에 종료시킨 후 2009년까지는 관세를 철폐할 예정이라고 한다.

5. 겨우 움직이기 시작한 일본의 대응

일본이 정책적으로 다자간 자유 무역주의를 내걸고 지역주의에 대해 비판적인 방침을 취해 온 사실은 이미 앞에서 설명한바와 같다. 일본이 쉽사리 양자간 FTA 체결로 정책을 전환할수 없었던 이유는, 일본의 무역 패턴이 미국, 유럽, 아시아 등여러 지역으로 분산되어 있어 한 지역으로 무역 패턴을 특화할수 없었기 때문이며, 또한 국제적으로 경쟁력이 약한 일본의 농업 분야를 어떻게 보호할 것인가 하는 국내 정치적으로 지극히중대한 문제로 인해 쉽게 FTA 체결에 발을 내디딜 수 없었기때문이다.

그러나 주요 선진국들이 지역주의를 채택하면서 EU와NAFTA가 확대되기 시작하자 일본도 정책을 전환할 수밖에 없게 되었으며, 1990년대 말부터 서서히 동아시아 국가들과의 양자간 FTA 체결을 검토하기 시작한 것이다.

(1) 일본-싱가포르 신시대 경제 동반자 협정

2002년 11월, 일본은 FTA보다 폭넓은 EPA를 싱가포르와 체결하였다. 이 협정은 1999년 12월, 싱가포르의 고촉통 수상(당시)이 일본의 오부치 수상(당시)에게 제안한 것으로 무역 투자의자유화 및 원활화, 금융 서비스, 정보 통신 기술, 과학 기술, 인재 양성 등에 관한 협력 내용이 포함되어 있다. 싱가포르는 원

래 아시아 국가들 중에서도 자유화가 가장 앞선 중계 무역국이
며, 농산품 수출국이 아니기 때문에, 일본에게는 최초의 양자간
협정임에도 불구하고 협상은 비교적 쉽게 이루어졌다. 특이한
점은 일본이 이 협상에서 농업과 금붕어를 제외시켰다는 것이
다.

싱가포르 측의 제안에 의해 체결된 협정이기는 하지만, 일
본이 체결한 최초의 양자간 협정으로서의 선구적 역할은 높이
평가받을 만하다. 또한 일본으로서는 이 협정을 통해 AFTA(아
세안 자유 무역 지역)와의 관계를 강화할 가능성이 생겼다는 이
점이 있다.

(2) 일본-멕시코 경제 동반자 협정

NAFTA 회원국인 멕시코와의 EPA를 여기서 거론하는 것은 적
합하지 않을 수도 있지만, 이는 일본에게 있어서는 제한적이었
다고는 해도 농산품을 포함한 본격적인 EPA이었다고 할 수 있
으며, 향후 일본과 아세안, 그리고 한국과의 EPA 협상에 영향
을 미치는 협정이라 할 수 있다.

2001년 7월에 발효된 EU와의 FTA를 비롯하여 지금까지 32
개국과 11건에 달하는 FTA를 체결한 FTA 선진국인 멕시코와
의 EPA는 1년 4개월간의 협상 끝에 2004년 3월 대략적인 합의
에 도달할 수 있었다. 그리고 같은 해 9월 고이즈미 총리는 멕
시코 방문 중에 멕시코의 폭스 대통령과 협정을 조인하였으며,
2005년 4월에 협정이 발효되었다.

이 협정은 싱가포르에 이은 두 번째 EPA이었지만, 농산물을 포함한 최초의 EPA이었으며, 싱가포르의 경우와는 비교되지 않을 정도의 어려운 협상이었다. 마지막까지 협상이 어려웠던 부분은 돼지고기와 오렌지 과즙에 대해 멕시코 측이 요구한 무관세 특혜 수입 건이었다. 일본 측은 국내 농업에 대한 설득이 지연되고 있었기 때문에 이를 받아들일 수 없었으며, 결국 돼지고기에 대해서는 2.2% 관세가 적용되어 첫해에는 3만 8,000톤, 5년 후에는 8만 톤의 수입 물량이 결정되었다. 오렌지 과즙에 대해서는 현재의 관세율을 반으로 줄이고 첫해에는 4,000톤, 5년 후에는 6,500톤의 수입 물량이 설정되었다. 이에 대해 멕시코 측은 일본이 요구한 정부 조달 시장의 개방 등의 사항에 대해서 양보를 하지 않았다. 이와 같이 일본–멕시코 EPA는 어느 정도 제한적인 것이긴 했지만, 일본에게 있어서는 농산물 5개 품목을 포함한 포괄적 협정[7]이었으며, 고이즈미 총리의 정치적 리더십 하에 약화되고 있다고는 하나 여전히 강력한 농림 수산업 관련 의원들의 저항을 저지하며 기본적 합의에 도달했다는 점에서 높이 평가할 만한 협정이라 할 수 있다.

양국이 합의점을 찾을 수 있었던 이유는, NAFTA 성립 후 양국 간에 FTA가 없었기 때문에 멕시코로 진출한 일본 기업들이 연간 4,000억 엔에 달하는 이득 손실을 보고 있다는 추계가 보고되고 있었으며, 특히 일본의 철강·자동차 업계가 농산품에서 다소 희생을 치르더라도 멕시코와의 EPA를 조기에 체결해야 한다고 압력을 행사했기 때문이라고 추측된다. 한편 멕시코 측도 멕시코 경제의 과도한 대미 의존 체질에서 탈피하기

위해 EU나 일본과의 경제 관계 강화를 도모하고자 하였을 것
이며, 2003년도에 대미 수출에서 멕시코를 추월한 중국과의 경
쟁에서 이기기 위해서라도 일본과의 EPA를 조기에 체결하여
투자 및 기술 이전을 통한 경제의 경쟁력 강화를 도모하고자
하였을 것이라 예상된다.

(3) 한국–일본 EPA 협상

한국은 1995년 말, 아시아에서는 일본에 이어 두 번째로 OECD
에 가입하면서 선진국 대열에 들어섰다. 한국은 일본과 가까이
위치하고 있을 뿐만 아니라 수출, 수입 모두 일본의 제3위 상대
국이기 때문에 일본이 EPA를 체결하기에 가장 적합한 국가라
할 수 있다.

　　양자간 무역 투자 자유화의 효과에 대해서는 양국 연구 기
관의 공동 연구를 통해 성과를 얻고 있기는 하지만, 한일 양국
의 역사적 · 정치적 관계가 복잡하여 실제로 정부 간 협상이 시
작되기까지는 결코 쉽지 않았다. 필자의 개인적인 경험에 비추
어 보더라도, 1998년 10월 한국에서 『조선일보』와의 인터뷰에
응했을 당시, 거의 동시에 발표된 "신新 미야자와 구상"에 대한
한국 언론의 대체적인 반응은, 일본이 아시아 통화 위기를 틈
타 또다시 아시아 경제를 지배하려 한다는 의심과 반발이 강했
다. 또한 그 무렵 오구라 카즈오小倉和夫 주한 일본 대사(당시)가
제안한 한일 FTA 안은 일본의 한국 경제 지배를 위한 구상이라
는 의심을 사기도 하였다. 이와 같은 상황 하에 2002년 7월,

산 · 관 · 학으로 구성된 한일 FTA 공동연구회가 설치되었으며, 검토 과정을 걸쳐 2003년 12월 제1회 정부 간 협상에 겨우 도달할 수 있었다. 당초, 한일 EPA 협상은 2005년 말까지 가능한 빠른 시기 내에 협정을 체결할 것을 목표로 하고 있었다. 그러나 현재는 협상이 실질적으로 결렬되어 있는 상황이다. 앞으로 한일 EPA의 성공은 향후 한 · 중 · 일 3국간 FTA와 EPA의 확대로 이어지고, 나아가서는 동아시아 경제 공동체를 구축해 가는 데 중요한 의미를 가질 것이며, 그러한 의미에서 협상은 빨리 재개되어야 한다.

(4) "동아시아 커뮤니티" 구상

2002년 1월, 고이즈미 총리는 동남아시아 국가들을 순방하였으며, 마지막 방문지인 싱가포르에서 "동아시아 속의 일본과 아세안 — 솔직한 파트너십을 향하여"라는 제목의 연설을 행하였다. 이 연설에서 일본 정부는 처음으로 "동아시아 커뮤니티an East Asian community" 구상을 주장하였는데, 일본과 아세안과의 협력을 중심으로 한 아세안+3에 호주와 뉴질랜드를 더해, 이들 국가들이 핵심 멤버가 되어 동아시아를 "함께 걷고, 함께 나아가는 커뮤니티"로 만들자고 제안했다.

이 구상은 그동안 일본의 다자간 자유화 정책에서 동아시아 지역주의를 향한 일대 정책 전환으로 생각된다는 점에서는 높이 평가할 만하다. 그러나 일본이 제창하는 동아시아 커뮤니티 개념은 상당히 추상적이기 때문에 "커뮤니티"가 반드시 엄밀한 의미에서의 "공동체"를 의미한다기보다는 막연한 지역 협력을 말하는 듯 보인다.[8] 또한 "커뮤니티" 회원국도 1997년 경부터 점차 제도화되어 온 아세안+3을 초월하여 호주와 뉴질랜드를 포함시키자고 주장하고 있다. 이것은 "동아시아 커뮤니티"를 아세안+3이 아닌, 보다 개방된 커뮤니티로 만들고자 하는 일본 정부의 서방 선진국, 특히 미국에 대한 배려가 그대로 반영된 주장인 것이다. 이러한 문제점에도 불구하고, 일본 정부는 1977년 마닐라에서 "마음과 마음의 만남"을 주제로 한 후쿠다福田 수상의 연설을 발표하고 25년이 지난 후, 다시 동아시아를 "함께 걷고, 함께 나아가는 커뮤니티"로 만들자는 고이즈미의 연설을 통해 다음과 같은 "5개 구상"을 제안하였다. 또한, 이러한 사실은 일본이 향후 다음과 같은 아시아 정책을 지향하고 있는 것으로 평가할 수 있다.

① 교육 및 인재 육성 분야의 협력

② 2003년 "일본-아세안 교류의 해"

③ "일본-아세안 포괄적 경제 제휴 구상"

④ "동아시아 개발 이니셔티브(IDEA)"

⑤ "국경을 초월한 문제"를 포함한 안전 보장 면에서의 일본-아세안 협력 강화

(5) 일본-아세안 포괄적 경제 제휴 구상

일본은 2002년 11월에 열린 일본-아세안 정상 회담에서 앞에서 설명한 "고이즈미 연설"의 "5개 구상" 중 하나인 "일본-아세안

포괄적 경제 제휴 구상"을 구체적 정책으로 제안하였으며, 각
국 정상들은 공동 선언에 서명하였다. 이를 통해 일본은 무역 ·
투자 · 과학 기술 · 에너지 · 환경 등의 폭 넓은 분야에서 FTA
요소를 포함한 아세안 전체와의 경제 제휴를 10년 이내에 가능
한 빨리 실현하고, 동시에 양자간 경제 제휴를 추진한다는 방침
을 내세웠다.

　일본-아세안 포괄적 경제 제휴 구상은 중국과 아세안과의
"포괄적 경제 협력 협정"으로 인해 갑자기 제안된 감이 있지만,
일본이 아세안과 경제 협력 분야의 기본 방침을 내세웠다는 점
은 높이 평가할 만하다. 이러한 구상 아래 일본은 일본-아세안
전체 간의 경제 제휴에 대한 검토를 병행하였으며, 일본-태국,
일본-필리핀, 일본-말레이시아, 일본-인도네시아 등의 양자간
협상을 위한 준비 작업을 실시하였다.

　또한 일본은 2004년 9월 자카르타에서 개최된 일본-아세안
경제 각료 회의에서 일본-아세안 EPA에 대한 정식 협상을 2005
년 4월부터 시작하여 2년 이내에 체결하기 위해 쌍방이 노력하
기로 합의했다. 이와 같이 일본도 아세안의 압력 때문에 EPA
협상을 가속화할 수밖에 없게 된 것이다.

(6) 일본-아세안 특별 정상 회담

"일본-아세안 포괄적 경제 제휴 구상"에 관한 공동 선언 채택
이후 약 1년이 지난 2003년 12월 11일부터 12일까지 이틀간에
걸쳐 동경에서 일본-아세안 특별 정상 회담이 개최되었다. 이

회담은 아세안 정상이 아세안 역외에서 처음으로 한자리에 모이는 기회였을 뿐만 아니라 "2003년 일본–아세안 교류의 해"를 기념하는 역사적인 이벤트이기도 했다.

정상 회담에서는 신세기를 맞이하여 일본과 아세안의 역동적이고 영속적인 파트너십을 선언한 "일본–아세안 동경 선언"과, 이를 실현하기 위해 100개가 넘는 구체적 조치가 포함된 "일본–아세안 행동 계획"이 채택되었다. 이 두 가지 문서는 과거 20년 이상에 걸친 일본과 아세안의 협력 관계를 집대성하여 2002년 1월 "고이즈미 연설"에서 제창한 "5가지 구상"을 구체화한 것으로 평가되고 있다.

그러나 그 이상의 의미를 갖는 것으로서 주목해야 할 점은 "동아시아 커뮤니티" 창설을 위해 일본과 아세안이 중심이 되어 협력해 나간다는 내용이다. "고이즈미 연설"에서 제창한 "동아시아 커뮤니티" 구상은 이후 일본–아세안 특별 정상 회담에서 발표된 "동경 선언"에서 앞으로 일본과 아세안이 공동으로 추구해야 할 목표로 거론되게 되었다. 또 한 가지 주목해야 할 점은 일본이 아세안 중시 정책을 전면에 내세우면서, 많은 분야에서 아세안에 대한 협력을 약속하고 있다는 점이다.

그 주요 내용을 살펴보면 다음과 같다.

① 양자간 EPA의 가속화: 2004년에 일본과 태국, 말레이시아, 필리핀 등 3개국과 제1회 EPA 협상을 시작하여, 2004년 중에 완료할 것을 목표로 하고 있다. 또한 인도네시아와도 예비 협상을 실시하였다.

② 지역 채권 시장 육성 및 현지 통화 표시 채권 발행 지원

③ 메콩 지역 개발 협력 : 3년간 15억 달러 제공

④ 인재 육성 : 향후 3년간, 4만 명 규모의 교류 등 15억 달러가 넘는 지원 협력

⑤ 동남아시아 우호 협력 조약(TAC) 체결에 대한 의사 표명

6. "동아시아 커뮤니티" 구상의 문제점

일본–아세안 특별 정상 회담에서 일본이 대對 동아시아 전략을 내세운 점은 높이 평가할 만하다. 그러나 이 회담에 이르기까지 일본의 동아시아 외교 정책을 살펴보면, 일본이 지향하는 대 동아시아 전략이 과연 실효성 있는 "동아시아 커뮤니티" 창설을 위해 적합한 것이었는지 의심스러울 수밖에 없다.

첫 번째, 이 정상 회담은 일본과 아세안에게 있어 상당히 기념할 만한 회의였기 때문에, 일본의 정치적 이유로 양 지역 간의 연대감을 강조할 필요가 있었다. "동아시아 커뮤니티" 창설을 위해 일본과 아세안이 중심이 되어 협력하자고 주장한 점은 의미가 있지만, "동아시아 커뮤니티"는 일본과 아세안의 힘만으로 구축할 수 있는 것이 아니다. 즉, 커뮤니티의 또 다른 주요 멤버가 되어야 할 한국과 중국에 대해 한마디 언급도 없었던 점은 외교적 균형이 결여되어 있다고 할 수밖에 없다. 일본

은 주최국으로서 "동경 선언"을 통해 한국과 중국의 협력을 충분히 촉구할 수 있었을 것이다. 일본 정부는 이 특별 정상 회담을 일본의 동아시아 외교의 성공의 하나로 간주하고 있다. 그러나 일반적으로 동아시아 지역 통합을 둘러싸고 일본과 중국이 대對 아세안 주도권 싸움을 하고 있다는 느낌은 부정할 수 없다. 회담 종료 후 기자 회견에서, 공동 의장을 맡은 인도네시아의 메가와티 대통령과 고이즈미 총리는 일본-아세안 특별 정상 회담이 중국을 의식하여 개최된 것은 아니라고 강조했지만, 메가와티 대통령은 "아세안에게 있어서는 중국과의 관계도 중요하다. 중국-아세안, 일본-아세안이 긴밀한 관계를 유지하는 것은 쌍방에게 유익할 것이다. 또한 동아시아 전체를 생각해 보더라도 이는 모든 사람들에게 유익한 일이다"라고 말했다. 따라서 일본은 동아시아에서 가장 발달한 선진국으로서의 아량과 자부심을 갖고 동아시아 전체를 위한 적극적인 외교를 추진해야 할 것이다.

두 번째, 그동안 동아시아 지역 통합의 움직임을 보면, 아세안을 중심으로 한국-아세안, 중국-아세안, 일본-아세안 등 세 가지 갈래를 따라 지역 통합이 진행되고 있다. 언젠가는 이 세 갈래 길이 수렴되는 형태로 통합이 진행되겠지만, 동아시아의 3대 경제 대국인 한국, 중국, 일본, 특히 일본과 중국이 과거의 역사적, 정치적 악연을 끊지 못하고 동아시아 지역 통합 실현을 위한 상호 협력 체제를 정비하지 못한 점은 상당히 안타까운 일이다. 이에 비해 아세안은 이들 3대 경제 대국보다 소국小國 그룹이면서도, 뛰어난 정치 지도자 아래서 우수한 외교력을 발휘하면서 점차 존재감을 부각시키고 있다. 일본은 중국을 의식하지 않는다고는 하지만, 동아시아 지역 통합에 있어 중국에 뒤쳐졌다는 초조함 때문에 동경에 아세안 정상들을 초청하여 일련의 대對 아세안 협력 관계 강화 방침을 세워 중국에게 반격을 가하려고 하였다. 그러나 일본과 중국은 동아시아 지역 통합을 둘러싸고 경쟁하는 행동은 반드시 피해야만 한다.

세 번째, 일본이 내세운 "동아시아 커뮤니티" 구상은 앞서 말한 대로 정치적 구호성이 강할 뿐만 아니라 회원국 간에도 구체적 내용이 결정되지 않은 상태이다. 현 단계에서는 "커뮤니티" 개념이 예전의 EC(European Community: 유럽공동체)와 같은 "공동체"를 의미한다고는 볼 수 없다. 일본-아세안 특별 정상 회담이 끝난 후, 일부 일본 신문은 "an East Asian community"를 "동아시아 공동체"로 번역했지만, 외무성의 정식 번역문은 "동아시아 커뮤니티"였다. 일본 정부는 일본의 농업 보호를 위해서라도 동아시아 지역 통합을 가능한 완만하게 이루고자 하였다. 회원국도 아세안+3으로 제한할 것이 아니라 호주와 뉴질랜드를 포함시킴으로써 향후 발생할 수 있는 미국의 관여까지 고려하는 등 보다 개방적인 공동체로 만들고자 하는 의도가 엿보인다. 그러나 이 점에 있어서는 일본 정부와 아세안의 방침에 큰 차이가 있다.

아세안 국가들이 일본과의 FTA 협상에서 일본의 농업 자유화를 기대하고 있다는 것은 명백한 사실이며, '"동아시아 커뮤니티" 회원국은 아세안+3이어야 한다'는 것이 현재 아세안의 기본 방침이기 때문이다. 일본은 2002년에 이미 호주와 뉴질랜드에 참가를 촉구한 바 있다. 1990년에 미국이 말레이시아의 마하티르 수상(당시)이 발표한 EAEG 구상에 반대한 이래, 일본은 회원국을 아세안+3으로 제한하는 것에 대해 상당 정도 거부감을 갖고 있는 것이 사실이다. 일본의 농업 문제와 동아시아 커뮤니티 참가국의 범위에 대해 일본과 아세안은 아직도 합의점을 찾지 못하고 있으며, 이 때문에 "동아시아 커뮤니티"가 실행 단계로 들어서면 입장 차이를 조정하는 것이 결코 쉽지 않을 것이다. 또한 현재 한국과 중국은 동아시아 지역 통합을 아세안+3으로 추진한다는 방침을 갖고 있기 때문에 일본만 고립될 위험이 있다. 이처럼 "동아시아 커뮤니티" 구상에는 아직 해결해야 할 과제가 많다고 할 수 있다.

3. 지역 통합의 장애물은 무엇인가

1. "동아시아 공동체"는 환상인가

동아시아의 지역 통합이 앞으로 언제, 어떠한 과정을 거쳐, 어떠한 형태로 나아갈 것인지를 예측하기란 쉽지 않다. 동아시아에는 바람직한 형태의 지역 통합체를 실현시키기 위해 극복해야 할 문제들이 많다. 그러나 필자는 우여곡절이 있더라도 언젠가는 동아시아에 맞는 문화적 · 정치적 · 경제적 지역 통합체로서의 "동아시아 공동체"가 창설될 것이라 확신한다.

필자는 2000년 3월, 와세다 대학 아시아 태평양 대학원을 퇴임하면서 행한 기념 강연, "21세기를 향한 경종 ― 글로벌 시대의 일본의 진로"에서 "동북아시아 지역 경제 협력 구상"을 제창한 바 있다. 그러나 참가했던 일부 지식인들을 제외하고는 대체로 '시기상조다,' '꿈같은 이야기다' 라는 반응을 보였다.

2002년 1월에 고이즈미 총리가 제창했던 "동아시아 커뮤니티" 구상도 2003년 12월 일본–아세안 특별 정상 회담의 "동경 선언"에 포함되었지만, 당시 일본 외무성의 반응은 아세안 측의 요청 때문에 "동경 선언"에 포함시켰을 뿐 이는 일종의 구호 같은 것으로 내용이 구체화되지 않은 상태이기 때문에 40-50년 후에나 실현이 가능하다는 것이었다.

"동아시아 커뮤니티"가 반드시 "동아시아 공동체"를 의미하는 것은 아니라는 것이 외무성의 일반적인 견해이지만, 중국과 일본에서는 이미 "동아시아 공동체"라는 단어가 사용되고 있다. 또한 용어 사용뿐 아니라 최근에는 "동아시아 공동체" 육성을 향한 분위기가 급속히 고조되고 있어, 일본에서는 와세다 대학을 비롯한 각계각층에서 "동아시아 공동체"를 주제로 한 심포지엄이나 강연회, 연구회 등이 열리고 있다. 이와 같이 "먼 훗날의 일"이라 생각하고 있었던 사람들의 인식이 변화하고 있다는 것은 바람직한 일이라고 할 수 있다. 앞에서도 언급한 바와 같이 고이즈미 총리가 유엔 총회 연설(2004년 9월)에서 "동아시아 공동체"라는 단어를 사용한 이유도 이러한 여론의 변화가 반영되었기 때문일 것이다.

또한 "동아시아 공동체" 창설의 중요한 파트너가 될 한국, 중국과 일본의 학자 · 전문가 간에도 많은 국제 심포지엄이 개최되어 솔직한 의견 교환이 이루어지고 있다. 필자는 이러한 연구회나 심포지엄을 통해 동아시아 국가들 고유의 정치적, 역사적 풍토로부터 비롯된 여러 문제들에 대해 알게 되었다. 동아시아는 문화 · 종교 · 정치 · 경제 등 모든 부분이 다양하기 때문에 "동아시아 공동체"를 실현하기 위해서는 상대적으로 동일성 · 유사성을 갖고 있는 유럽의 경우보다 훨씬 더 많은 노력이 필요할 것이다. 유럽의 경우도 오늘날의 EU가 형성되기까지 지역 통합의 역사를 살펴보면, 초기에는 경제 통합을 주체로 한 EEC(유럽경제공동체)가 중심이 되어 통합이 추진되었지만, 이에 ECSC(유럽석탄철강공동체)와 EURATOM(유럽원자력공동체)이 합병되면서 EC(유럽공동체)가 성립되었으며, 그 후에 정치적 통합이 추진되어 현재의 EU로 발전했던 것이다. 즉, 1952년 ECSC 성립부터 1993년 EU 성립까지 41년이라는 시간이 소요된 것이다. 또한 오스트리아의 쿠덴호프-칼레르기 백작 Heinrich Graf von Coudenhove-Kalergi (1894-1972)이『범-유럽 *Pan-Europe*』을 간행(1923)하여 유럽 통합 운동을 시작한 시기부터 2004년 5월에 확대 EU가 성립되기까지를 포함하면 4분의 3세기 이상의 세월을 소비한 셈이 된다. 동아시아에서 EU와 같은 정치 통합을 기대하기는 어렵지만, 동아시아의 문화 · 정치 · 경제 풍토에 적합한 공동체 육성을 위해 "공동체 의식"을 함양해 나간다면 "동아시아 공동체"는 예상보다 빨리 실현될 수 있을 것이다.

2. "공동체 의식"을 함양하기 위해서는

이와 같이 보면, 동아시아 "공동체 의식"의 함양 방법을 찾는 것이 바로 "동아시아 공동체" 실현을 위한 최대 과제라 할 수 있다. 아세안은 1967년에 성립된 이래, 아세안의 정체성을 확립하기 위한 노력을 통해 "공동체 의식"을 함양해 왔다. 일본과 아세안 사이에도 2002년 고이즈미의 연설에서 언급된 "함께 걷고, 함께 나아가는" 파트너십 관계가 형성되고 있다. 그러나 아세안과 함께 "동아시아 공동체"의 주요 멤버가 되어야 할 한·중·일 3대 경제 대국 간에는 경제적 상호 의존 관계가 심화되고 있음에도 불구하고, "공동체 의식"이 전혀 형성되지 않고 있다. 제2차 세계대전 이후 60년이 다 되어 가는데도 한일, 중일 간에는 역사 인식, 교과서, 야스쿠니 신사 참배 등의 문제를 둘러싼 정치적, 감정적 앙금이 남아 있으며, 이것이 공동체 의식 함양을 저해하고 있다.

최근 한국과 일본은 문화 교류나 2002년 월드컵 공동 개최 등을 통해 관계가 개선되고 있다. 그러나 중일 관계는 심화되는 경제적 상호 의존 관계와는 대조적으로 정치적 관계는 얼어붙고 있어, 중국에서는 이를 "정냉경열政冷經熱" 현상이라 비판하고 있다. 일본 내의 공동화가 우려될 정도로 일본 기업은 생산 거점을 중국으로 이전시키고 있음에도 불구하고, 양국 정상의 상호 방문이 이루어지지 않고 있는 것은 바람직하지 않다. 2002년은 중일 국교 회복 30주년을 기념하는 해였지만, 중일 양국 정상의 상호 방문은 실현되지 않았으며, 그 이후에도 양국 관계가 개선되지 않고 있다는 사실은 우려할 만한 일이라고 할 수 있다. 이러한 상태로는 동아시아 전체의 안정과 발전을 위한 공동체 구축을 기대할 수 없을 것이다. "동아시아 공동체" 성립 여부는 한 · 중 · 일, 특히 중국과 일본이 얼마나 정치적 대립관계를 극복하고 상호 신뢰 관계에 기초한 공동체 의식을 함양하여 대등한 파트너로서 협조하면서 아세안과의 연계 강화에 노력하느냐에 달려 있다. 중국과 일본이 "동아시아 공동체" 구축을 두고 주도권 싸움을 하는 것은 상당히 비생산적인 일이며, 양국 모두에게 있어서도 동아시아 전체에 있어서도 결코 바람직한 일이 아니다.

유럽이 EU 통합을 이룰 수 있었던 이유는 프랑스와 독일이 두 번에 걸친 비참한 대전의 역사를 초월해 협력하였고, 그 협력 관계를 통합과 전진을 위한 원동력으로 삼았기 때문이다. 필자가 OECD 사무국에서 느낀 바로는, 프랑스인 직원과 독일인 직원은 국민성이나 사고방식의 차이로 볼 때 직장에서 그리 간단하게 융화될 수 있는 사람들은 아니다. 프랑스인 간부는 독일인 직원을 부하 직원으로 채용하길 꺼려했으며, 이는 독일인 간부의 경우도 마찬가지였다. 그러나 막상 국가 차원의 문제에서는 독일과 프랑스 양국 모두 서로의 국익을 위해 프랑스의 정치력과 독일의 경제력을 결합해 유럽의 발전과 안정을 도모해 왔다. 필자도 최근 많은 중국인과 만나 보았지만, 국민성이나 사고방식에서 일본인과 중국인의 차이가 프랑스인과 독일인의 차이보다 크다고는 생각되지 않는다. 그러나 안타깝게도 정치적 관계에서는 유럽의 프랑스, 독일, 그리고 동아시아의 일본, 중국은 상당한 차이를 보인다. 프랑스와 독일은 같은 서방 선진국으로 G8 정상 회담의 회원국이며, NATO(북대서양조약기구)의 회원국이기도 하다. 그 때문에 1990년대 말 이후에는 프랑스 혁명 기념일에 샹젤리제 거리 퍼레이드에 독일의 전차戰車가 참가한다고 해도 그저 그런 뉴스거리에 지나지 않았으며, 2004 년 6월 노르망디 작전 60주년 기념행사에는 독일 수상이 처음 으로 초청되기도 하였다. 이러한 정치적 관계는 현재의 중국과 일본 사이에는 기대할 수 없을 것이다.

　일본 외무성의 어떤 고위 관리는 한 회의에서 "미일 간에 는 '공통된 가치관'이 존재하지만 중일 간에는 존재하지 않는 다. 중일 간에 존재하는 것은 공동의 '경제적 이익' 뿐이다"라 고 발언했다. 이는 외무성 주류파의 기본적인 사고방식이며, 미 일 간의 "공통된 가치관"이라는 표현은 고이즈미 총리의 발언 에서도 자주 사용되고 있다. 대체 미일 간에 존재하는 "공통된 가치관"이란 무엇일까. 만약 이것이 OECD가 내걸고 있는 "민 주주의," "시장주의," "인권 존중"의 3가지 개념을 의미한다면 이해가 안 되는 것도 아니다. 그러나 이것이 보다 넓은 의미의 일반적인 가치관까지 포함한다면, 과연 미일 간에 공유하는 가 치관이 있는지는 의문이다. 역사적, 문화적으로 본다면, 고작 150년의 교류밖에 없는 미국보다는 2000년 이상의 교류 역사 가 있는 중국과 공유하는 부분이 더 많을 것이다. 이는 필자가 시안西安 등 중국의 고도古都를 방문하면서, 구카이空海(1753- 1830, 일본의 승려)를 비롯한 많은 일본 선현들의 발자취를 직 접 더듬어 본 결과 갖게 된 생각이기도 하다.

　미일 간에는 미일 동맹과 미일 안전 보장 조약이 존재하며, 일본의 생존을 위해서는 미국과 건전한 우호 관계를 유지해야 할 것이다. 그러나 중일 간에 "공통된 가치관"이 없다는 주장을 인정한다고 해서 우호적인 외교 관계 구축을 게을리 해도 된다는 뜻은 아니다. 일본과 중국은 지리적으로 가까운 만큼 역사적 인연도 깊지만, 최근에 와서는 관계가 악화되고 있다. 그만큼 중일 양국은 더 많은 "공통된 가치관"을 창출하고, 이에 기초한 "상호 신뢰 관계"를 확립하기 위해 많은 노력을 해야 할 것이다. "경제적 이익"을 공유하는 것은 중요하지만, 그것만으로는 "상호 신뢰 관계"를 구축할 수 없다. EU 성립을 위해 프랑스와 독일이 내렸던 합리적 결단을 본받아, 중일 양국이 과거의 역사적 대립 관계를 극복하고 각자의 국익을 창출할 수 있도록 현실적 · 합리적 결단을 내린다면, 양국은 "상호 신뢰 관계"를 확립할 수 있을 것이며, 나아가서는 동아시아 전체의 "공동체 의식" 함양을 위한 기반을 다질 수 있을 것이다.

3. 새로운 중일 관계를 구축하기 위해서는

(1) 급속히 변화하는 중국

최근 중국의 변화는, 일본에서 생각하고 있는 것보다 훨씬 빠른 속도로 진행되고 있다. 특히 경제 면에서 OECD 선진국이 공유하는 "가치관" 개념 중 두 번째에 해당하는 "시장 경제"와 관련된 중국의 변화는 눈부실 정도이다.

　중국의 2대 명문 대학인 베이징北京 대학과 칭화淸華 대학

중 베이징 대학의 중국 중앙경제연구소는 미국 포드재단의 재정 지원에 의해 설립되었다. 린이푸林毅夫 소장을 비롯한 연구소 연구원 중에는 미국 유학자가 많기 때문에 베이징 대학 경제학부에는 시장 경제를 지향하는 학생들이 많다. 중국 경제의 미래를 짊어질 많은 인재들이 이곳에서 배출된다는 점을 감안하면, 중국의 급속한 시장 경제화에 대해서도 수긍이 갈 것이다.

2003년 11월, 주하이珠海에서 개최된 세계 경제 발전 선언 대회에서는 "주하이 선언"이 채택되었다. 이 선언은 중국의 경제학자 6명과 노벨상 수상 경제학자 6명이 2년간에 걸쳐 작성한 것으로 내용이 상당히 시장 경제적이다. 예를 들어, "세계화 및 다국적 기업의 역할에 대한 긍정적 평가," "시장 원리의 존중," "WTO 규정의 준수" 등 내걸고 있는 슬로건과 내용을 하나하나 살펴보면, 중국의 "사회주의 시장 경제 체제"가 과연 '사회주의적 성격'을 가지고 있는지 궁금해질 수밖에 없다.

필자도 1990년대에 시장 경제를 지상 원리로 삼고 있는 OECD에서 세계화의 공과功過에 대한 연구를 한 적이 있지만, 중국이 일본보다 세계화에 대한 저항은 적은 듯이 보인다. 중국 정부와 경제학자들은 기본적으로 세계화의 물결에 편승해 자본과 기술을 도입함으로써 경제가 발전하고 풍요로워진다면 그 편이 더 바람직하다는 현실주의적 생각을 가지고 있는 듯하다. 또한 중국의 기업가들에게서 일반적으로 찾아볼 수 있는 배금주의拜金主義는 일본 경제보다 시장 경제 풍토에 더 적합할지도 모른다.

또한 주목할 점은 중국의 개발도상국에 대한 정책의 변화이다. 중국은 유엔 내 개발도상국 그룹인 G77[9]에 속하지는 않지만, 그동안 항상 개발도상국에 대한 지지를 국가 정책으로 내걸어 왔기 때문에 유엔에서는 G77+1이라 불리고 있었다. 그러나 최근에 와서 중국은 대對 개발도상국 지원 정책을 국가의 우선 정책 중 하나로 내걸지 않고 있다. WTO 가입 후에는 "WTO 규정 준수"를 주장하고 있으며, 특히 2003년 칸쿤 WTO 정상 회의에서는 이 회의를 결렬시킨 인도와 알제리 등 G77의 급진파에 대해 비판적인 태도를 취하고, 앞으로는 남북 간 가교 역할을 담당할 용의가 있다고 표명하는 등 예전의 일본과 같은 대응 자세를 보였다.

이러한 중국의 경제 정책 전환은 G8 정상 회담이나 OECD 등의 선진국 그룹에 대한 접근을 의도한 것이라 할 수 있다. 중국이 "민주주의," "인권 존중" 등의 면에서는 선진국보다 뒤쳐져 있지만, 경제 정책 면에서 급속히 시장 경제화가 진행되고 있다는 사실은 주목할 만하다.

2004년 4월, 후진타오胡錦濤 중국 국가 주석은 하이난다오의 아시아 포럼에서 아시아 전체 차원에서 자유 무역 지대를 창설하여 아시아 지역의 자유 무역 네트워크를 만들자고 제안하였다. 이러한 구상에서 후진타오 주석은 중국이 현재 협상중인 아세안과 인도, 그리고 협상을 촉구하고 있는 한국, 일본과도 FTA 협정 체결을 추진함과 동시에, 거시 경제와 금융 정책에서도 아시아 국가들과 협조하고 싶다는 의사를 표명하였으며, 구체적으로는 아시아 채권 시장이나 투자 등의 분야에서 각국이 협력할 수 있는 새로운 틀을 구축할 용의가 있음을 표명하였다. 이 구상은 2003년 12월에 열린 일본-아세안 정상 회담에서 제안된 "동아시아 커뮤니티" 구상에 대한 대응책으로서 마련된 의도가 강할 뿐 구체적으로 내용이 가시화된 것은 아니며, 최근 동아시아에 대한 접근에 관심을 갖고 아세안과 FTA 협상을 시작한 인도를 끌어들여 아시아 자유 무역권 성립을 위해 지도력을 발휘하고자 하는 중국의 의도를 충분히 엿볼 수 있다. 그러나 일본은 중국과의 주도권 싸움에 휘말려 결실 없는 외교 게임을 하는 등의 행동은 피해야 할 것이다. 오히려 중국이 아시아 자유 무역 지대의 틀 안에서 경제적 자유화를 추진하고 조속히 WTO 규정을 익혀 WTO의 우등생으로 성장하는 편이 일본의 국익에 도움이 될 것이며, 일본은 아시아의 최선진국으로서 아량을 보이고 자신감 있는 전략을 취해야 할 것이다.

(2) 중일 관계를 저해하는 요인

고이즈미 총리는 "중일 관계는 상당히 순조롭게 진행되고 있다"고 하지만, 유감스럽게도 현재 중국과 일본의 정치적 관계는 결코 좋다고 할 수 없다. 그 원인을 살펴보면, 양국의 이해 부족과 노력 부족 탓도 크지만, 역사 인식의 차이, 역사 교과서 문제, 고이즈미 총리의 야스쿠니 신사 참배 문제 등을 놓고 보면, 일본 측에서도 반성해야 할 점이 적지 않다. 그래도 역사 교과서 문제에 있어서는, 최근 일본이 일부 교과서에 일본의 중국 침략이나 남경 학살 사건 등을 게재하는 등 객관적으로 기술하려는 노력의 흔적을 찾아볼 수 있다.

2003년 2월 와세다 대학에서 열린 제1회 중일 역사 연구자 회의에서 중국 측 참가자는 중일 간의 역사를 20세기 전시戰時 상황의 역사에 국한하지 말고, 보다 장기적인 차원에서 양국의 역사를 다시 연구해야 한다고 말했다. 중국과 일본의 젊은 역사 연구자들이 이와 같이 감정론을 배제하고, 솔직한 의견 교환을 통해 조금씩 역사 인식의 차이를 없애려는 움직임에는 큰 기대를 걸어볼 만하다.

나아가 눈여겨보아야 할 사건은 최근 중국에서 "대일 신사고 외교對日新思考外交"라는 움직임이 생겨났다는 것이다. 2002년 말, 당시 『인민일보』 논설위원이었던 마리청馬立誠 씨가 『전략과 관리』라는 중국 언론지에 「대일 관계 신사유對日關係新思維(新思考)」라는 논문을 기고했다. 이 논문의 취지는 중국 내에서 대두하고 있는 내셔널리즘과 편협하고 감정적인 일본 비판은 양국의 발전에 있어 마이너스일 뿐이며, 중국의 국익을 저해한다는 것이었다. 이 논문이 발단이 되어, 중국 런민 대학 국제관계학원 미국연구소 주임인 스인홍時殷弘 교수와 중국 사회과학원의 펑자오쿠이馮昭奎 교수 등이 중일 양국은 과거의 역사적 대립을 극복하고 공동 노력을 통해 양국의 발전을 지향해야 한다는 "대일 신사고 외교"를 전개하였다. 특이한 점은 "대일 신사고 외교"를 외친 마리청 씨와 스인홍 교수는 친일적 성향을 가진 연구자도, 일본 연구 전문가도 아니라는 사실이다. 일본 유학 경험을 갖고 있는 일본 연구 전문가는 펑자오쿠이 교수뿐이었다. 중국 지식인 중에는 친일적 성향의 지식인 혹은 일본 연구 전문가가 아니더라도 양국의 발전을 촉진시켜 국익으로 이어지게 할 수 있다면 과거의 역사적 대립을 극복하고 서로 협력해 나아가야 한다는, 상당히 유연한 발상을 갖고 있는 사람들이 있다.

필자는 스인홍 교수 및 펑자오쿠이 교수와 몇 번 대담을 나눈 적이 있다. 그때 두 교수가 말하기를 "대일 신사고 외교"는 중국에서는 아직 소수파의 의견에 불과하며, 이에 대한 일반 대중들의 반발이 강하기 때문에, 일본 측이 어떤 형태로든 호응하지 않는다면 대일 신사고 외교를 향한 움직임은 사라질 것이라는 우려를 표명했다.

그렇다면, 중국 일반 대중들의 강한 반발의 주요 원인은 과연 무엇일까. 그 원인이 일본의 정치가, 특히 고이즈미 총리의 야스쿠니 신사 참배 문제에 있다는 사실은 일본에서는 그다지 심각하게 인식하고 있지 않다. 고이즈미 총리는 중일 관계가 상당히 긴밀하기 때문에 야스쿠니 신사 참배 문제는 중일 관계에 아무런 장애가 되지 않는다고 인식하고 있는 듯하다. 그러나 실제로 중국을 방문해 보면 신사 참배 문제가 중일 관계 개선에 있어 목에 걸린 뼈와 같은 최대 장애물이 되고 있다는 점을 알 수 있다. 총리라 할지라도, 개인의 종교적 신념이나 전쟁터에서 죽어간 사람들을 애도하는 마음, 그리고 다시는 전쟁을 일으키지 않겠다는 평화의 신념 등은 존중해야 할 것이다. 그러나 이러한 신념에도 불구하고 8월 15일의 공식 참배 일정을 약간 앞당긴다거나, 혹은 1월 1일에 이루어지는 일반적인 신사 참배 의식에 겸하여 야스쿠니 신사를 참배하는 등 임시방편적이며 문제의 본질을 회피하는 행위는 국내 정치를 위한 정치적 퍼포먼

스로 볼 수밖에 없다. 총리는 어째서 아시아 태평양 전쟁에 의한 일본의 희생자, 그리고 1,000만 명에 달하는 아시아 희생자와 타국 희생자에 대해 배려를 하지 않는 것일까.

북한 문제를 비롯하여 동아시아의 지역 협력이 중요한 외교 과제로 떠오르고 있는 오늘날, 한·중·일, 특히 중국과 일본의 정상은 항상 열린 마음으로 무엇이든 논의할 수 있는 관계를 만들어 두지 않으면 안 된다. 후쿠다福田 관방장관(당시)의 사적私的인 자문단(懇談會)이 제기한 "국립묘지(國立戰歿者追悼施設)"의 건립은 관계 정상화를 위한 좋은 해결책이 될 수 있을 것이다.

"대일 신사고 외교"가 일부 지식인들의 개인적인 움직임으로 끝날 것인지, 아니면 중국 정부의 대일 정책의 일익을 담당하게 될 것인지는 아직 확실치 않지만, 후진타오 정권은 전 정권에 비해 중국의 국익을 고려하여 중일 관계를 개선하고자 하고 있다. 최근 후진타오 정권은 "평화 대두론擡頭論"을 내세우고 있으며, 이는 중국이 국제 협조 노선을 지향한다는 측면에서 주목된다. 소수파이기는 하지만 중국에도 과거 역사 문제에만 얽매이지 않고, 더 넓은 시각에서 중일 간 상호 의존 관계를 인식하려는 움직임이 생겼다는 사실은 기쁜 일이며, 일본 또한 그 싹을 꺾어 버리는 일이 없도록 "성숙된 외교"로 대응해야 할 것이다.

(3) 중국 및 일본의 차세대를 짊어질 인재 양성

필자는 2003년 11월 말부터 2004년 초까지 중국의 런민人民 대학, 정저우鄭州 대학, 톈진天津 외국어 대학 등에서 강의를 하면서 중국의 젊은 학생들과 많은 대화를 나눌 수 있었다. 그때의 느낌은 일반적으로 전쟁을 경험하지 않은 젊은 세대들 중에 반일적 사고방식을 갖고 있는 사람이 많다는 것이었다. 어떤 학생은 일본 신문이 중국인 범죄 등과 같이 중국의 안 좋은 뉴스거리만 보도하고 바람직한 사실은 전달하지 않는다며 불만을 토로하기도 했다. 또 다른 학생은 일본이 핵무장을 할지도 모른다는 우려를 표명했다. 3개 대학의 학생들이 모두 이와 같은 언급을 했다는 사실은 매우 놀라운 일이다. 그러나 그들이 알고 있는 일본에 관한 정보는 대부분 인터넷에서 얻은 것으로 상당히 제한적인 정보라 할 수 있다. 더욱 안타까운 사실은, 일부 일본 정치가들의 중국 비판 등 극단적인 발언이 일본을 대표하는 의견인 것처럼 수용되고 있었다는 것이다. 또한 중국 신문에서도 일부 일본 관광객들의 분별없는 행동 등 바람직하지 않은 보도만이 게재되어 반일 감정을 부추기는 결과를 초래하고 있었다. 시안西安의 시베이西北 대학 축제에서 일본인 유학생들의 짧은 단막극에 반발하며 일어난 반일 학생 데모의 배경에는 바로 이러한 사정이 작용하였을 거라 짐작된다. 또한 최근 중국에서 개최된 아시아컵 축구 대회에서 중국인들이 반일 감정을 토로한 데에도(충칭重慶이나 지난濟南이 반일 감정을 자극하기 쉬운 도시이기는 하지만), 젊은 세대의 반일 감정이 작용하였을 것이라 생각할 수 있다. 이러한 점들은 중국의 후진성이 그대로 드러난 것이라 볼 수 있으며, 2008년에 북경 올림픽을 개최하는 중국은 하루 빨리 이러한 부분을 개선해야 할 것이다.

이에 비해, 중국에서 전쟁을 경험한 세대나 이와 비슷한 세대들 중에는, '심화되는 내셔널리즘을 방치하여 반일 활동으로 이어진다면 중일 관계는 더욱 악화될 것이며, 결국 국익을 손상시킬 수 있다'는 "대일 신사고 외교"를 제창하는 사람들이 많아 반일적인 전후파 학생들과는 대조적인 양상을 보이고 있다. 얼마 전 일본을 방문했던 중국의 전 주일 대사도 중국에서 '지금 최대의 관심사는 북경 올림픽을 아시아의 제전으로서 성공리에 마치는 일이며, 이웃 나라인 한국과 호주도 이에 협력하고 있다. 일본도 협력한다면 중일 관계는 크게 개선될 것이다'라고 말하면서 양국 관계 개선에 대한 기대를 표명한 바 있다.

한편, 일본에도 젊은 학생들 중에는 반중국적인 사고방식을 지닌 사람들이 많다. 예를 들어, 고이즈미 총리의 야스쿠니 신사 참배에 대해 일본 내에서는 "중국이 아무리 반대한다 할지라도 신사 참배를 그만두어서는 안 된다"는 주장까지 나오고 있다. 최근 『아사히신문』의 앙케트 조사에 따르면, 총리의 야스쿠니 신사 참배에 찬성하는 사람들이 가장 많은 세대는 20대 남성으로 55%이며, 반대하는 사람들이 가장 많은 세대는 40-50대로 45%였다. 즉, 앞으로 중일 관계를 개선하기 위해서는 우선 양국 젊은이들 간에 중점적으로 교류가 이루어져야 할 것이며, 이를 통해 상호 이해를 도모해야 할 것이다.

일본은 대 중국 원조국 중에서도 가장 많은 ODA(정부개발

원조)를 제공해 왔다. 그 금액은 누계로 3조 엔에 달하고 있지만, 대부분이 경제 인프라 중심의 지원으로 인재 양성에는 중점을 두지 않고 있다. 이에 비해 미국은 대 중국 ODA가 전무하지만, 민간 재단을 통해 중국 명문 대학 인재 양성에 기여한 바가 크다. 이 때문에 중국 학생들은 미국 유학을 선호하는 경향이 강하며, 안타깝게도 현재 대부분의 엘리트 학생들은 일본 유학을 희망하지 않고 있다. 이러한 배경에는 일본어 구사 문제나 장학금, 생활비 등의 문제들이 있겠지만, 가장 큰 이유는 유학 후의 취직 등을 비롯하여 모든 면에서 볼 때 미국이 일본보다 조건이 좋기 때문일 것이다.

미국 유학을 선호하는 중국 학생의 성향을 보여 주는 일례로, 최근『토플 시험에서 높은 점수를 얻는 방법』이라는 책이 베이징 대학 서점에서 베스트셀러가 되었다는 사실을 들 수 있다. 현재 중국의 미국 유학생 수는 7만 명대에 달해 6만 명대인 일본 유학생 수를 웃돌고 있다. 또한 일본에 유학중인 중국인 학생들 중에도 미국 유학을 희망하는 학생들이 많다. 중국 인구를 감안하면, 미국에 유학하는 중국 유학생 수가 일본 유학생 수보다 많다는 사실이 그리 놀랄 만한 일은 아니다. 그러나 장기적으로 볼 때, 이러한 경향은 일본이 생각하는 것 이상으로 중미 관계의 긴밀화를 촉진시킬 것이며, 중국의 국제적 지위가 정치적, 경제적으로 향상됨에 따라 중미 관계를 크게 변화시킬 수 있다. 중미 간에는 미일 간보다 긴 교류의 역사가 있다는 사실을 잊어서는 안 된다(이리에 아키라入江昭,『중미 관계 — 그 역사적 전개』, 1971). 중일 양국은 미일 양국과 같은 공통된 가치관이 존재하지 않기 때문에 상호 이해가 어려울 것이라는 식의 생각으로는, 앞으로 일어날 수 있는 중·미·일 관계의 변화에 대응할 수 없을 것이며, 국제 사회에서의 일본의 위상은 점차 약해질 수 있다.

지금 일본이 바람직한 중일 관계 구축을 위해 해야 할 일은, 중장기적 시각에서 향후 중일 관계를 지탱할 인재 양성에 주력하고, 중일 양국의 협력 하에 일본과 중국을 이해할 수 있는 인재를 육성해 나가는 것이다.

일본은 중국인 유학생들에게 일본이 유학 가치가 있는 국가라는 인식을 심어 주어야 할 것이다. 이를 위해 일본은 대 중국 지원 중 많은 부분을 중국 유학생 지원에 할애하여 유학 제도 확충을 도모해야 한다. 대부분의 중국 유학생들은 일본의 높은 주거비나 물가 때문에 아르바이트를 통해 학비나 생활비를 마련하고 있는 실정이다. 예를 들어, ODA를 활용하여 일본의 학생 지원 제도(育英基金制度)를 외국인 유학생에게도 적용하고, 우수한 학생에게는 자금을 제공하여 졸업 후 일정 기간 내에 갚을 수 있는 시스템을 채택하는 것도 한 가지 방법이라 할 수 있다. 비록 일본의 대 중국 엔 차관은 계속 감소하여 2003년도에는 과거 3년의 반에도 못 미치는 약 970억 엔까지 삭감되었지만, 이러한 제한된 대 중국 ODA를 인재 육성이나 환경 협력 등 중일 간 상호 신뢰 구축에 기여할 수 있는 프로젝트에 중점적으로 활용해야 할 것이다.

최근 중국에 진출해 있는 일본 기업들 중에는 신규 채용 때 우수한 중국인을 향후 간부 후보로서 적극적으로 채용하기 시

작한 곳도 있으며, 이는 인재 육성을 위한 효과적 방법이라 할
수 있을 것이다.

4. 대 아시아 외교의 의식 개혁을 위해서는

(1) 일본에 과연 아시아 중시 정책이 존재했는가

2003년 4월, 외무성은 「일본 외교의 과오」라는 약 50년 전에 작
성된 극비 내부 자료를 공개하였다. 이는 당시 요시다 시게루吉
田茂 총리의 명에 의해 젊은 외무성 과장급이 작성한 것으로서
"만주사변滿洲事變," "중일전쟁支那事變," 제2차 세계대전 등 그동
안 일본 외교가 거듭해 온 과오를 반성하고 향후 일본 외교의
지침으로 삼기 위한 문서였다. 문서 작성을 명한 요시다 총리의
발상도 대단하지만, 당시 젊은 외교관이 불과 10년에서 15년
선배의 실수를 분석하여 솔직하게 비판했다는 점도 높이 평가
할 만하다.

　　그러나 필자가 1960년에 외무성에 들어간 이래 약 40년에
걸친 일본의 아시아 외교를 돌이켜보면, 제2차 세계대전 이후
과연 일본이 과거의 실수를 반성하고 진정한 의미에서 아시아
중시 정책을 취해 왔는지에 대해서는 의문이다. 「일본 외교의
과오」에서 일본의 실수를 분석하고 비판한 당시 젊은이들이 전
후 일본 외교를 이끌게 되었을 때, 정말로 과거 아시아 외교를

반성하면서 새로운 이념과 장기적 전망을 갖고 아시아 외교를 추진해 왔는지는 알 수 없는 일이다.

　제2차 세계대전 이후 일본은 외교의 세 개 축으로서 대미 중시 외교, 유엔 중심 외교, 아시아 중시 외교를 내걸어 왔다. 그중 대미 중시 외교는 항시 일본 외교의 최우선 과제였으며, 최근 들어 그러한 경향은 더욱 심화되고 있다. 또한 일본은 1956년 유엔 가입 당시부터 유엔에 대해 일종의 이상주의적 열정을 지니고 있어, 유엔 헌장의 적국 조항敵國條項이 적용되고 있음에도 불구하고 유엔에 대해 자금 협력을 비롯하여 적극적으로 기여해 왔다. 그러나 안전보장이사회 상임이사국 진출에 대한 전망이 불투명해지자 유엔에 대한 불만이 생기면서 일본의 유엔 중심 외교도 점차 약해졌다. 2003년에 미국이 유엔을 무시하고 이라크에 대한 공격을 단행하자, 일본은 이에 동조하였다. 그리고 미국이 이라크의 전후 복구를 위해 다시 유엔을 이용하기 시작하자, 일본의 상임이사국 진출에 반대했던 고이즈미 총리는 유엔 총회에서 상임이사국 진출을 주장하는 등 일본의 유엔 외교는 미국과 마찬가지로 편의주의에 근거한 방향으로 변해 가고 있다. 또한 일본은 아시아 외교에서 대미 외교, 대 유엔 외교와는 다른 복잡하고 곤란한 문제에 직면해 있었다. 제2차 세계대전 후, 일본의 아시아 외교의 밑바탕에는 일종의 속죄 의식이 잠재하고 있었으며, 이 때문에 아시아 외교에는 배상이나 경제 협력 사업 등 특수한 배려가 요구되었다. 그러나 1960년대 당시 일본 외교의 최고 목표는 전후 급속한 발전에 힘입어 선진국 대열에 끼는 것이었기 때문에 아시아 중시 정책은 단지 슬로건이자 대미, 대 선진국 외교의 부속물에 불과했다.

이와 같은 선진국 지향 외교 덕분에 일본은 1964년에 염원하던 OECD 가입을 달성하고 선진국 대열에 들어서게 되었다. 그 후 일본은 더욱 경제 발전을 이뤄 세계 제2의 경제 대국으로 성장하였으며, 1976년에는 제1회 주요 선진국 정상 회의(G7 정상 회담)의 참가국으로 인정받을 수 있었다. 제2차 세계대전 이후 일본 경제 성공의 기반이 된 이러한 선진국 지향성은 필자와 같은 세대 대부분이 지닌 성향이었으며, 외무성에는 아직도 이러한 성향이 뿌리 깊게 남아 있다.

이러한 성향의 근원은 메이지明治 시기 일본의 근대화와 발전을 지탱한 초석이 된 "탈아입구脫亞入歐"[10] 사상에서 찾아볼 수 있는데, 이는 선진국 지향성이 동시에 아시아 멸시로 이어질 위험성이 있다는 것을 의미한다. 일본이 아시아의 일국이면서 근린 국가들과 상호 신뢰 관계를 구축하지 못하고 있는 이유는 일본인의 아시아 국가들에 대한 차별 의식과 우월감 때문이 아닐까 싶다. 제2차 세계대전 이후 일본이 아시아 중시 정책을 주장했다고는 하지만, 과연 진정으로 아시아를 이해하고 중시했을까. 일본의 새로운 아시아 외교는 이 점에 대한 반성에서부터 다시 출발해야 할 것이다.

(2) 이념과 장기 전략이 결여된 대 아시아 외교

제2차 세계대전 이후, 일본의 아시아 외교는 상당히 어려운 국제 정치 환경 속에서 진행될 수밖에 없었다. 경제 협력 면에서는 아시아의 경제 발전에 큰 공헌을 했다고 평가할 수 있지만, 아시아에서 지향해야 할 일관된 이념과 이를 위한 장기적 전략이 결여되어 있었기 때문에 경제적 공헌에 걸맞은 충분한 평가를 받지 못했다.

일본이 호주와 함께 추진해 온 환태평양 경제 협력 구상이 1989년에 APEC으로 발족되었을 때에도 호주가 주도권을 잡고 추진해 나갔다. 그 후에도 APEC에서 리더십을 발휘하고 있는 국가는 호주와 미국이며, 최근에는 중국도 APEC 활동에 적극적으로 참여하고 있다. 유감스럽게도 일본은 APEC 창설 전부터 경제적으로 공헌하였음에도 불구하고 APEC에서 중심적 역할을 하고 있다고 보기는 어렵다. 현재, APEC 활동의 중심을 이루고 있는 것은 첫째, 미국이 제안한 무역 투자의 자유화, 둘째, 호주가 제안한 무역 투자 절차의 원활화, 셋째, 중국이 제안한 ECOTEC(경제 기술 협력)이다. 중국이 2001년 상해 APEC 정상회의에서 제안한 ECOTEC도 실은 일본이 환태평양 경제 협력 구상 아래 장기간 생각해 온 제안으로서 중국에게 그 아이디어를 빼앗긴 감이 있다. 일본이 APEC에서 자금 협력을 비롯하여 많은 전문적, 기술적 차원에서 기여하고 있음에도 불구하고 적극적으로 주도권을 잡을 수 없는 이유 중 하나로 농업의 자유화라는 국내 정치상의 문제를 들 수 있다. 그러나 제2차 세계대전 이후 일본이 고지마 키요시小島淸(히토츠바시 대학 명예교수), 오키타 사부로大來佐武郎(전 외무대신), 미키 타케오三木武夫(전 총리), 오히라 마사요시大平正芳(전 총리) 등이 추진해 온 환태평양 경제 협력 구상을 APEC이라는 틀 안에서 일본이 충분히 활용하지 못했다는 사실은, 일본의 아시아 외교가 일관된 이념과 장기적 전략을 결여하고 있었다는 것을 보여 주는 것이다.

1991년 말레이시아의 마하티르 수상(당시)이 제창한 EAEC 구상이 일본의 반대로 실현되지 못한 경위에 대해서는 앞에서도 설명한 바 있다. 이 구상도 일본 정부 내에서는 성청省廳 간에 분분한 논의가 있었음에도 불구하고, 결국은 미국의 반대 의향을 받아들여 그 구상에 대해 반대하게 된 것이다. 필자는 개최국인 말레이시아 쿠알라룸푸르에서 열린 PECC(태평양경제협력위원회) 총회에 OECD 사무국을 대표하여 참석한 적이 있었다. 회의석상에서 일본 정부 대표가 "일본은 대미 관계 때문에 EAEC 구상에 찬성할 수 없다"라는 솔직하고 정직한 발언을 하자, 회의장의 아시아 회원국들은 한결같이 낙담의 목소리를 토로하였다. 어떤 아시아 회원국은, 만약 일본 정부의 대표가 PECC의 창시자 중 한 명이자 1991년 5월까지 일본 PECC 대표를 역임한 오키타 사부로 씨였더라면, 설사 일본 정부가 EAEC 구상에 반대하는 입장이라 할지라도 이렇게 발언하지는 않았을 것이라며 개탄하였다.

그로부터 6년 후, 아시아 통화 위기라는 쓴 경험을 맛본 아세안은 동아시아 지역 협력의 기반으로서 EAEC 구상과 기본적으로는 같은 아세안+3 협의체를 제안하였으며, 일본도 아무런 반대 없이 이에 찬성했다. 예전에 마하티르 총리가 EAEC 구상을 제안했을 때와는 사정이 변하였을 뿐만 아니라, 아세안+3 협의체가 아세안 전체의 제안이라는 사실도 이전과는 다른 점이기는 하지만, 어째서 일본은 10년 사이에 일본의 아시아 외교가 180도로 방향 전환을 해야 할 정도로 큰 변화가 있을 것이라는 사실을 예상하지 못했던 것일까.

또한 아시아 위기 때에도 일본 정부는 대장성(당시)이 제안한 AMF 구상에 대해 미국 재무부가 반대하자, 단순히 일본 대장성과 미국 재무부 사이의 정책 인식의 차이라고 치부할 뿐, 고위급 차원의 외교 협상으로 끌어올리지는 못했다. 그 결과 아시아 경제는 커다란 피해를 입게 되었으며, 일본은 신新 미야자와 구상 하에 거액의 자금을 제공하여 피해 구제에 충당하게 되었던 것이다. 일본은 어째서 아시아 위기가 통화 위기뿐 아니라 전반적 경제 위기, 나아가서는 정치 위기로까지 발전할 것이라는 사실을 간파하지 못했던 것일까. 왜 아시아 경제 위기를 일본의 아시아 외교 정책과 관련된 중대한 문제로 인식하지 못했던 것일까.

2003년 12월, 동경에서 열린 일본–아세안 특별 정상 회담에서 일본 정부는 동남아시아 우호 협력 조약(TAC)에 대한 가입을 표명했다. 그런데 이 회의보다 불과 2개월 전에 열린 아세안+3 정상 회의에서는 아세안이 일본에게 TAC 가입을 요청하였음에도 불구하고 고이즈미 총리는 이를 거절했다. 이후 아세안이 중국과 인도에게 가입을 요청하고 이를 수락한 양국이 TAC에 서명하자 일본도 서둘러 TAC에 가입한 것이다.

일본이 TAC에 가입한 것은 결과적으로 바람직하다고 할 수 있지만, 총리가 TAC 가입을 거절한 지 불과 2개월 후에 태도를 바꿔 TAC 가입을 단행하는 등의 행동은 외교상 큰 실례이자

창피한 사건이라 하지 않을 수 없다. 국회 승인을 필요로 하는 국제 조약 심의에 상당히 신중하고 정확한 일본 외무성이 무엇 때문에 이러한 실수를 범했는지 이해하기 어려운 일이다. TAC 는 동남아시아의 항구적 평화와 영속적인 우호 및 협력 촉진을 목적으로 1976년 2월 24일에 인도네시아 발리에서 아세안에 의해 조인된 조약이지만, 국제적으로도, 일본 내에서도 거의 알려지지 않은 상태이다. 그렇다면 어째서 아세안은 이와 같이 오래된 조약을 지금에 와서 다시 거론하며 일본, 중국, 인도 등의 대국大國의 가입을 요구한 것일까. 필자가 추측하기에, 베트남 전쟁 후 동남아시아의 평화와 안전 보장을 목표로 하던 TAC는 베트남 등 인도차이나 반도 3국과 미얀마가 아세안에 가입하면서 그 목적을 달성하였지만, 나아가서는 아시아의 대국인 일본, 중국, 인도까지도 TAC에 가입시켜 이들과 우호, 협력 관계를 추진하고 평화와 안전 보장을 확보하려는 의도가 있었을 것이다. TAC는 소국의 자기 방위를 위한 성격이 있기는 하지만, 일본이 우호와 협력을 주안으로 하는 조약에 가입하는 데에는 아무런 지장이 없다. 오히려 처음 TAC 가입 요청이 있었을 때, 어째서 신중히 검토하지 않은 채 가입을 거절했는지가 의문이다.

가장 먼저 생각할 수 있는 이유는 일본 외무성 간부들이 본능적으로 미국을 의식하고 있었기 때문일 것이다. 즉, TAC가 동남아시아의 평화 및 안전 보장과 관련이 있는 이상 일본에게 가장 중요한 미일 안전 보장 조약에 저촉되지는 않을까, 일본이 TAC에 가입했을 경우 미국은 어떤 반응을 보일까 등과 같은 과도한 염려가 있었기 때문이 아닌가 싶다. 미일 동맹을 최우선시하는 현재 일본 외교의 체질에 비추어 본다면, 아세안의 요청을 가볍게 보아 넘긴 외무성이 TAC 가입을 거절하기 전에 그것이 미일 안전 보장 조약의 어느 부분에 저촉되는지에 대해 진지하게 검토해 봤다고 보기는 어렵다. 일본은 중국과 인도가 TAC 가입을 결정한 것을 보고 난 후에야, 여러 가지 검토를 통해 TAC가 미일 안전 보장 조약에 저촉되지 않는다는 사실과 미국이 일본의 TAC 가입에 반대할 의사가 없다는 사실을 확인하고 TAC 가입을 단행했을 것이다. 이러한 일례를 보더라도 일본의 아시아 외교가 얼마나 임시방편적이며 장기 전략을 결여하고 있는지 알 수 있다.

최근 일본의 아시아 외교의 특징은, 먼저 정책에서 중국에게 주도권을 빼앗기고 난 후에, 처음에는 이를 대수롭지 않게 생각하고 있다가, 결국은 중국에 대한 대항 의식 때문에 중국과 적어도 비슷하거나 아니면 한 발 더 앞선 조치를 취할 수밖에 없게 되는 구도가 계속되고 있다는 점이다. 그 이유는 일본이 중국의 아시아 외교를 우습게 생각하고 중국의 능력 자체를 잘못 파악하고 있기 때문이기도 하지만, 그보다 중요한 사실은 아시아 외교에서 항상 미국을 의식하고, 중국과의 관계에서도 항상 미국을 고려하고 있기 때문일 것이다.

이와 같이 일본의 아시아 외교의 과오를 분석하고 검토해 보면, 현재 일본 외교에 존재하는 장기 전략은 대미 중시 정책, 미일 동맹, 미일 안전 보장 조약을 견지하는 것뿐, 일본에게 대 아시아 외교와 대 유럽 외교는 2차적, 3차적인 문제라는 것을 알 수 있다.

(3) 향후 아시아 외교의 방향성

1977년 후쿠다 총리(당시)의 마닐라 연설에는 "마음과 마음의 만남"이라는 캐치프레이즈가 사용되었다. 일본 언론이 이 연설 내용을 "후쿠다 독트린"이라고 보도하자, 필리핀의 노련한 정치가인 로물로 외무장관(당시)은 "언제부터 일본이 '닉슨 독트린,' '브레즈네프 독트린'에 견줄 만한 '독트린'을 발표할 수 있을 정도의 강국이 되었나요"라며 비아냥거렸다.

그 무렵 일본은, 당시 G7 정상 회담이 개최되기 전에 아세안 국가에 외무심의관급 고위 관리를 파견하여 정상 회담에 대한 의견을 물었으며, 정상 회담에서 아세안 국가들의 의견을 전하였다. 또한 정상 회담 후에는 항상 아세안 각국에게 이에 대한 결과를 보고했다. 이는 일본의 외무성으로서는 상당히 부담스러운 일이었지만, 아세안에 대한 일본의 외교상 의례儀禮로서 실시하고 있었던 것이다. 그러나 로물로 외무장관은 일본의 호의와 협력에 감사를 표한 후, "필리핀은 소국이고, 아세안도 소국 그룹이기는 하지만 대국 그룹인 G7 정상 회담에 의사 전달을 하는 데 있어 일본이 대변인이 되어 줄 필요는 없다"며 특유의 기개를 보였다. 로물로 외무장관은 이전에 유엔 총회 의장을 역임한 바가 있었으며, 노벨 평화상 선정 위원을 지내기도 한 아시아에서도 손꼽히는 국제 경험 풍부한 베테랑 외교관이었다. 아시아에는 그 외에도 싱가포르의 리콴유 전 수상이나 말레이시아의 마하티르 전 수상 등 노련한 정치가가 존재했으며, 이들의 풍부한 국제 경험과 정치적 능력은 G8 정상 회담의 회원국이며 경제 대국이기도 한 일본의 현 정치 지도자들이 도저히 따라갈 수 없을 정도로 출중했다.

제2차 세계대전 후 일본의 외교를 담당했으며, 미국과의 협상에서도 막강한 협상력을 발휘했던 국제 경험 풍부한 요시다 시게루吉田茂 전 총리조차도 일본 아시아협회 발족 기념 리셉션 자리에서 인사하던 말머리에 마이크가 켜져 있는 것을 알면서도 농담 투의 작은 목소리로, "아시아에는 변변한 국가가 없죠"라며 그 특유의 어투로 일본의 아시아 외교에 대한 입장을 말했다고 전해지고 있으며, 이는 그의 아시아에 대한 진정한 자세를 엿볼 수 있는 에피소드로 남아 있다. 또한 이러한 경향은 아직도 외무성의 주류를 이루고 있다. 이러한 상황에서, 과연 아시아에서 장기간 근무하면서 현 아시아를 제대로 파악하고, 향후 아시아 외교의 방향을 견지할 수 있는 인재를 육성할 수 있을까.

OECD는 1997년에 발표한 『2020년의 세계: 새로운 글로벌 시대를 향하여』에서, 만약 중국이 2020년까지 순조롭게 발전한다면 중국의 구매력 평가(PPP)에 의한 국민총생산(GNP)이 미국과 일본을 앞지를 가능성이 있다는 시나리오를 그렸다. 이 사실을 들은 외무성의 한 경제 담당 간부는 그런 일은 없을 것이라며, 일본은 그런 엉터리 연구를 하는 OECD에서 탈퇴해야 한다는 등의 난폭한 발언을 했다. 이것이 이유의 전부는 아니겠지만, 일본은 전 회원국들의 탈퇴 철회 요청에도 불구하고 연구의 중심 역할을 담당했던 OECD의 개발센터에서 탈퇴하고야 말았다. 외무성에 경제 전문가가 제대로 성장할 수 있는 환경이 정비되어 있지 않다는 점을 감안하더라도, 중국의 성장세, 즉 아시아에서 경제적, 정치적으로 힘을 키우고 있는 중국의 존재를 생각한다면, 미래에 대한 예측 능력을 결여한 외무성 간부들이 중국을 비롯한 아시아 외교와 일본의 경제 외교를 담당하고 있다는 사실이 안타까울 따름이다.

2001년 4월, 일본은 중국산 파와 생 표고버섯, 다다미 돗자리 3품목에 대해 긴급 수입 제한 조치를 잠정적으로 단행했다. 1955년에 GATT에 정식 가입한 이후, WTO 발족 후에도 일본이 긴급 수입 제한 조치를 적용한 적은 없었다. 필자는 그러한 일본이 어째서 영향력도 미미하고 국내 시장 점유율도 낮은 중국 농산물을 지정해 긴급 수입 제한 조치를 적용했는지 이해할 수 없었다. 게다가 이들 농산품은 일본 업자가 중국에서 개발한 개발 수입품이었다. 긴급 수입 제한 조치 적용 직후, 필자는 예전부터 알고 지내던 중국 대외무역경제협력성의 룽용투龍永圖 차관(당시)과 북경에서 만났다. 룽 차관은 "일본에게 중요한 생산품이라면 모르겠지만, 이런 사소한 생산품에 긴급 수입 제한 조치를 적용하여 새삼스레 중일 관계를 악화시키는 행동은 이해하기 어렵다"라고 말했다. 일본 외무성 관계자에게 물어 보니, "일본은 긴급 수입 제한 조치를 적용한 적이 너무 없는 것 같다. 최근 중국의 건방진 자세에 대해서는 긴급 수입 제한 조치를 적용하여 위협을 가하는 것이 좋겠다"며 강경한 발언을 했다. 그런데 약 2개월 후인 6월, 중국은 일본의 자동차, 휴대전화, 에어컨에 대해 보복 관세를 걸어 왔다. 중국은 WTO에 가입하지 않은 상태였으므로 WTO 규정에 구속되지 않고 보복 조치를 취할 수 있었던 것이다. 나중에야 큰 타격을 입을 것을 우려한 일본은 결국 중국의 3대 농산품에 대한 긴급 수입 제한 조치를 정식으로 발동시키지는 않았으며, 중국도 일본의 3대 제조 수출품에 대한 보복 관세를 취소했다.

이를 통해 알 수 있는 것은, 중일 관계를 장기적, 종합적으로 조정해야 할 외무성이 농수산업 관련 의원들의 요구에 굴하지 않고 본래의 임무에 충실했더라면 처음부터 협상을 통해 양국의 문제를 해결할 수 있었을 것이라는 사실이다. 이러한 외교적 실수는 외무성의 지반 침하와 그에 따른 일본 외교력의 약화를 보여 준다. 외무성은 중국뿐만 아니라 앞으로 점차 중요성이 증가할 아시아 외교 정책 전반을 중장기적 시각에서 검토한후, 각 성청의 입장을 조정하여 최종 결정을 내려야 할 것이며, 그 후에 국가들과 협상에 임해야 할 것이다.

아시아, 특히 동아시아의 역동적인 발전은 앞으로도 계속될 것이다. 이미 한국은 1996년 말에 OECD에 가입함으로써 아시아에서는 일본 다음으로 선진국 대열에 들어섰다. 태국도 OECD 가입에 관심을 보이고 있으며, 중국도 앞으로 OFCD 회원국이 될 가능성을 배제할 수 없다. 또한 G8 정상 회담의 회원국 중에는 중국을 G9으로 끌어들이자는 국가도 있으며, 중국이 OECD에 가입하여 G9 정상 회담의 일원이 된다면, 일본도 더이상 "중일 간에 공통된 가치관이 없다"는 말은 할 수 없을 것이다.

언젠가 중국이 G9의 회원국 자격이 된다면, 일본은 중국을 아시아의 동지로서 정상 회담에 끌어들일 수 있는 외교 수완을 발휘해야 할 것이다. 중국이 일본 아닌 프랑스, 독일, 영국 등의 주도 하에 G9에 가입하게 된다면, 중일 관계는 개선되기 힘들 것이다. 한편, 일본이 유엔 안전보장이사회 상임이사국 진출을 실현하려면 상임이사국의 일국인 중국의 찬성을 얻을 필요가 있으므로, 중국과의 관계 개선은 급선무라 할 수 있다.

2004년 4월, 스위스의 국제경영개발원(IMD)이 발표한 2004년도 세계 경쟁력 순위에 따르면 세계 경제 경쟁력은 1위 미국, 2위 싱가포르, 6위 홍콩, 12위 대만, 16위 말레이시아, 23위 일본, 24위 중국 순으로, 동아시아 국가들이 상위에 자리하고 있으며, 일본보다 앞자리를 차지하고 있다. 이전에 "동방 정책(Look East)"을 제창한 리콴유 전 수상과 마하티르 전 수상도 이미 제1선을 떠났고, 일본의 경제 성장 또한 둔화되어, IMD 세계 경쟁력 순위에서 동아시아 국가, 경제가 일본을 앞지르게 된 지금, 동아시아의 차세대 지도자들이 일본을 보는 눈도 당연히 달라질 것이다. 일본은 중국에 대항하여 아세안과의 연계 강화를 꾀하고 있지만, 아세안의 차세대 지도자들이 생각하는 새로운 "동방 정책"은 약진하는 중국을 염두에 둔 것일지도 모른다.

이러한 맥락에서 본다면, 현재 일본의 아시아 외교의 최대 과제는 일본인의 의식 개혁, 즉 아직도 수많은 일본인에게 남아 있는 왜곡된 "탈아입구脫亞入歐" 정신에서 탈피하는 것이라고 할 수 있다. 후쿠자와 유키치의 "탈아론脫亞論"은 서구 열강이 아시아를 식민지화하는 가운데 일본의 독립을 유지하기 위해 내두된 것이며, 서양 문명을 받아들여 서양 제국 대열에 들어서야 했던 당시에는 옳은 것이었는지 모른다. 이 "탈아입구" 정신이 일본의 근대화와 선진국 진출의 기반이 되어 오늘날의 일본의 발전으로 이어진 것은 사실이다.

　그러나 극단적인 선진국 지향은 많은 경우 어쩔 수 없이 구미歐美 숭배로 이어지게 되며, 이러한 경향은 일본의 지식 계급, 특히 외무성을 비롯한 아시아 및 중국 문제 관련 학자들 중 정부에 가까운 주류파 중에서도 볼 수 있다. 더욱 위험한 사실은 구미 숭배가 아시아에 대한 편견과 멸시로 이어질 수도 있다는 것이며, 아시아 국가들의 예상치 못한 성장과 발전에 대한 불안감 때문에 일부 정치가나 학자, 언론인들은 불필요한 아시아 멸시 발언을 내뱉을 수도 있다는 것이다.

　그동안 일본 근대화의 기반이 되어 온 "탈아입구" 정신이 오늘날에 와서는 일본의 대 아시아 외교에 유해무익한 것으로 작용하고 있다. 일본을 둘러싼 주변 국가들의 수준이 향상되면서, 이제 아시아 국가들은 일본의 발전을 위한 파트너가 되고 있기 때문이다. 이러한 의미에서 본다면, 2002년 1월에 고이즈미 총리가 싱가포르에서 "함께 걷고, 함께 나아가자"라는 주제의 연설을 한 것은 시의적절하였다고 할 수 있다. 이 연설의 정신에 입각한 "동아시아 커뮤니티" 구상은 단순한 정치적 광고로 끝낼 것이 아니라 반드시 실현시켜야 할 것이다. 또한 일본이 진심으로 21세기 일본의 발전과 안전 보장을 지향한다면, 근린 제국들과 상호 신뢰 관계를 구축할 필요가 있으며, 이를 위해서는 일본의 아시아 외교에 대한 의식 개혁이 반드시 이루어져야 할 것이다.

5. "동아시아 공동체"를 향한 현실적 접근

동아시아 공동체 구축을 위해서는 극복해야 할 난제들이 산적해 있다. 이 중 대부분은 정치적으로 해결해야 할 문제들이다. 단, 경제 분야에서는 일본이 많은 공헌을 해 왔으며, 동아시아에서도 경제 제휴의 움직임이 일어나고 있다. 따라서 "동아시아 공동체"를 실현하기 위해서는 우선 경제 분야의 협력 체제를 견고히 하는 것이 가장 중요할 것이다. 일본은 우선 아세안과 FTA를 비롯한 경제 제휴를 순조롭게 추진해야 한다. 또한, 한 · 중 · 일 간에도 FTA를 포함한 경제 제휴 강화에 노력하고, 이를 통해 한 · 중 · 일, 특히 중일 간에 상호 신뢰 관계를 구축한 후, 서서히 동아시아 전체에 공동체 의식을 함양해야 할 것이다.

앞에서도 언급한 대로 유럽의 지역 통합은 경제 통합에서 시작되었다. 유럽과 동아시아는 역사 · 문화 · 종교 · 정치 · 경제 등 사회 전반에 걸쳐 차이가 있으며, 제2차 세계대전 후의 유럽 통합의 시대와 세계화 하에 있는 지금의 시대는 정치적, 경제적으로 상당히 다르다. 따라서 유럽과 동아시아를 직접 비교하는 것은 적절하지 않다. 현재 동아시아의 상황에서는 유럽과 같은 밀도 높은 경제 통합, 정치 통합을 기대하기는 어려울 것이며, 2004년 6월 18일, EU 정상 회의가 만장일치로 채택한 "EU 헌법"과 이에 입각한 "대통령제"의 도입, "EU 방위군" 설립 등은 생각할 수도 없을 것이다.

동아시아는 그에 맞는 지역 통합을 지향해야 하며, 이는 EU보다 완만한 형태의 공동체 구축을 의미한다. 이를 위해서는 FTA를 비롯한 폭넓은 경제 제휴를 중심으로 "동아시아 경제 공동체"를 설립한 후, 최종적으로는 정치, 안전 보장 면의 지역 협력이 가미된 "동아시아 공동체" 구축을 목표로 삼아야 할 것이다.

4. "동아시아 경제 공동체"의 가능성

1. 동아시아 경제의 커다란 잠재력

(1) 동아시아의 경제 규모

동아시아(아세안＋한·중·일)의 경제 규모(인구 및 국민 총소득Gross National Income: GNI)를 확대 EU 및 NAFTA와 비교해 보자. 표 4-1에서 볼 수 있는 것처럼, 2002년 경제 규모를 살펴보면, 인구 면에서는 동아시아가 확대 EU의 약 4.4배, NAFTA의 약 4.7배로 훨씬 규모가 크다는 사실을 알 수 있다.

또한 명목 GNI를 비교해 보면 동아시아가 약 6조 5,000억 달러로, 확대 EU의 약 8조 4,000억 달러, 그리고 NAFTA의 약 11조 4,000억 달러보다 상당히 적다. 그러나 구매력 평가(Purchasing Power Parity: PPP) 상으로 GNI를 보면, 동아시아가 약 11조 6,000억 달러, NAFTA가 약 11조 9,000억 달러로 비슷한 수준을 보이고 있으며, 확대 EU의 약 10조 3,000억 달러를 웃돌고 있다. 동아시아의 명목 GNI와 PPP는 큰 차이를 보이지만, 실질적인 GNI는 두 가지 지수의 중간 정도에 존재한다고 볼 수 있다.

즉, 동아시아에 아세안+한 · 중 · 일 경제 공동체가 출현한다면, 경제 규모로서는 확대 EU와 NAFTA에 필적하는 대규모 경제 공동체가 될 것이라는 사실을 알 수 있다.

(2) 높은 성장성

동아시아 경제는 경제 규모가 클 뿐 아니라 성장 가능성도 상당히 높다고 할 수 있다. 장기적으로 볼 때, 앞으로 EU가 더욱 확대되고 NAFTA가 2005년 말에 중남미를 흡수한 FTAA가 된다 하더라도 동아시아 경제 규모는 EU나 FTAA를 초월한 대규모 경제로 발전할 가능성이 크다.

앞에서 언급한 OECD의 『2020년의 세계』에는, 세계화 하에서 앞으로 세계 경제가 더욱 자유화되어 가장 바람직한 형태로 발전한다면, 아시아, 특히 중국을 중심으로 한 동아시아가 21세기에 세계에서 가장 역동적인 발전을 이룰 것이라는 시나리오가 그려져 있다.

구체적 내용을 살펴보면, 1995년부터 2020년까지 동아시아 경제의 연평균 성장률은 중국이 8%, 인도네시아가 7%, 태국, 말레이시아, 필리핀, 싱가포르, 대만은 평균 6.9% 등 고도성장

	인구 (100만 명)	GNI〈명목〉 (100억 미 달러)	GNI〈구매력 평가〉 (10억 미 달러)
확대 EU (25개국)[1]	450	8,394.5	10,337
NAFTA (미국, 캐나다, 멕시코)	420	11,407.3	11,854
동아시아 경제권 (아세안+한·중·일)	1,986	6,513.9	11,616
아세안[2]	530	565.8	1,891
일본	127	4,265.6	3,315
중국	1,281	1,209.5	5,625
한국	48	473.0	785

표 4-1 확대 EU, NAFTA, 동아시아 경제권(아세안+한국, 중국, 일본)의 인구 및 GNI 비교
(2002)

주) 1) EU 중 룩셈부르크의 데이터는 입수 불가
2) 아세안 중 미얀마의 GNI 데이터와 브루나이의 데이터는 입수 불가
출처: 세계은행, World Development Report 2004에 근거하여 작성

을 이룰 전망이지만, 일본은 가장 좋은 조건하에서 경제 성장을
계속한다 하더라도 성장률이 기타 선진국과 비슷한 수준인
2.7%대에 머무를 것이라는 예측이 나와 있다. 이와 같이 동아
시아 경제가 높은 성장률을 보일 것으로 전망되고 있는데 비해,
EU와 NAFTA 국가들은 일부 새로운 EU 가입국을 제외하면
OECD 가입국임에도 불구하고 예상 평균 성장률이 2.8%에 불

과한 상태이며, FTAA의 대부분을 차지하는 라틴아메리카의 예상 평균 성장률도 5.3%로 동아시아의 예상 평균 성장률보다 상당히 저조하다.

또한 보고서에 따르면, 2020년 중국 GDP(국내 총생산)는 PPP 상으로 세계 총 GDP의 약 20%를 차지하게 되면서 미국(약 11%)과 일본(약 5%)을 크게 웃돌 것이라는 예측이 제시되어 있다. 중국이 이 예측대로 발전할 수 있을지는 확실치 않지만, 21세기에 중국이 경제 대국이 될 것이라는 사실은 틀림이 없다. 세계은행의 「세계 발전 지표World Development Indicators」(2003)에 따르면, 2002년 중국의 GNI는 명목 지수 상으로는 세계 6위로, 약 1조 2,000억 달러에 불과하지만, PPP 상으로는 미국에 이어 2위를 기록하면서 약 5조 6,000억 달러에 달해, 3위인 일본의 약 3조 3,000억 달러를 크게 웃돌고 있다. 또한 중국은 2002년 당 대회에서 2020년에 GDP를 2000년의 4배까지 끌어올리겠다는 목표를 설정하였다.

일본과 중국, 2개 경제 대국이 존재하는 동아시아 경제는 인구와 경제 규모에서 세계 최대의 경제권으로 발전할 것이라 생각된다. 그러나 단순히 경제 규모만 크다고 해서 실효성 있는 경제 공동체를 이룰 수 있는 것은 아니다.

한 · 중 · 일 및 아세안은 동아시아 경제의 무궁한 가능성을 어떻게 하면 실효성 있는 경제 공동체 성립으로 연결할 수 있을지, 자국의 이익에 비추어 보면서 생각해야 할 것이다.

(3) 상호 의존 관계의 심화

1960년대 말에 필자가 ECAFE 사무국에서 "동아시아 경제권" 구축의 가능성에 대해 조사 연구하고 있을 무렵, 일본을 제외한 동아시아 역내 국가들 간에는 경제적 상호 의존 관계가 거의 없었으며, 역내 무역 비율도 지극히 저조한 상태여서 "동아시아 경제권" 구상이 실현될 가능성은 거의 없어 보였다. 그러나 오늘날 동아시아 경제를 보면, 경제 규모나 경제 성장 가능성이 클 뿐만 아니라, 동아시아 국가들 간에도 경제적 상호 의존성 및 보완성이 심화되고 있으며, 역내 무역 · 역내 투자 규모 또한 예전에는 상상할 수 없을 정도로 크게 확대되고 있다.

아시아의 비약적인 무역 확대
동아시아의 급속한 경제 발전의 최강의 엔진은 무역이라 할 수 있다. WTO의 통계에 따르면, 2002년 세계 무역 순위 상위 30위까지 수출입 분야 모두 "동아시아 경제 공동체"의 일원이 되어야 할 한 · 중 · 일과 아세안 주요 국가들이 차지하고 있다. 특히 중국은 눈부실 정도로 약진세를 보이고 있는데, 중국의 2003년 수출입 총액을 살펴보면 중국 역사상 최고인 8,521억 1,000만 달러로 전년 대비 37.1% 증가하였으며, 대외 무역 총액은 세계 4위, 수입액은 일본을 제치고 세계 3위를 기록했다. 또한 표 4-2에서 볼 수 있는 것처럼, 세계 무역에서 차지하는 동아시아의 무역 비율은 EU보다는 적지만, EU의 무역이 감소세를 보이고 있는데 비해, 동아시아의 무역은 증가세를 보이고 있다. 세계에

	1985	1990	1995	2000
EU(15개국)	37.2	43.9	38.6	35.3
NAFTA(3개국)	20.5	17.8	18.4	22.4
USA	14.9	13.2	13.3	15.5
동아시아(아세안+3)	15.0	15.8	19.7	18.9
아세안	3.6	4.5	6.7	6.1
한·중·일	11.4	11.3	13.0	12.8

표 4-2 세계 무역에서 차지하는 EU, NAFTA, 동아시아의 무역 점유율(%)
출처: IMF, Direction of Trade Statistics Yearbook.

서 동아시아가 차지하는 무역 점유율은 1995년에는 거의 20%
에 달해 NAFTA의 점유율을 웃돌았지만, 2000년에는 아시아 통
화 위기의 후유증으로 점유율이 하락하였다. 그러나 그 후 아시
아 경제의 순조로운 회복과 중국 무역의 급속한 확대를 반영하
여 점유율은 다시 증가세를 보이고 있다.

　EU는 2004년 5월에 이미 25개국으로 확대되었으며,
NAFTA도 앞으로 FTAA로 확대될 것이다. 따라서 이에 따라 앞
으로 EU와 NAFTA 모두 무역 점유율이 증가할 것이라 예측된
다. EU와 NAFTA는 지역 통합을 통해 무역 점유율을 끌어올린
데 비해, 동아시아는 지역 통합을 아직 이루지 못했음에도 불구
하고 시장 경제력과 성장력을 통해 세계 경제에서 차지하는 무
역 점유율을 증가시켜 왔다는 특징이 있다. 따라서 동아시아가
지역 통합을 추진하여 경제 공동체를 이룬다면, 이러한 특징을

더욱 살려 EU와 NAFTA에 필적할 만한 혹은 그것을 더욱 능가하는 무역권을 구축할 수 있을 것이다.

동아시아의 역외 무역 의존도 저하

동아시아의 무역의 급속한 확대와 더불어 무역의 흐름에도 큰 변화가 생겼다. 표 4-3은 동아시아의 EU, NAFTA, 역내 무역에 대한 점유율 변화를 IMF 통계로 나타낸 것이다. 이에 따르면, 동아시아는 1985년에서 1990년까지 EU에 대한 무역 의존도가 증가했지만, 1990년 15%를 정점으로 감소세로 돌아서면서 계속 하락세를 보이고 있다. NAFTA(특히 미국)에 대해서는 1985년의 28.5% 이래로 무역 의존도가 서서히 감소하여, 2000년에는 20.1%를 나타내고 있다. 한편 동아시아 역내 무역은 증가세를 보이면서, 1985년의 37.3%에서 1995년에는 51.2%로 상승하였다. 2000년에는 아시아 통화 위기의 영향으로 43.7%로 감소하였지만, 아시아 경제 회복에 힘입어 다시 상승세를 보이고 있다. 이와 같이 동아시아는 대외 시장, 특히 미국 시장에 대한 의존도는 감소하고 동아시아 역내 시장에 대한 의존도는 높아지고 있다는 것을 알 수 있다.

동아시아의 역내 무역 비율 상승

다음으로 동아시아의 역내 무역 비율의 변화를 EU, NAFTA, MERCOSUR(남미 공동 시장)와 비교하여 살펴보자. 표 4-4에서 볼 수 있는 것처럼 이들 지역 통합체 중 현재 가장 높은 역내 무역 비율을 유지하고 있는 것은 EU이며, NAFTA와 MERCOSUR

	1985	1990	1995	2000
EU(15개국)	11.6	15.0	14.0	13.4
NAFTA	28.5	24.0	21.4	20.1
동아시아	37.3	40.3	51.2	43.7
기타	22.6	20.7	13.4	22.8
세계	100.0	100.0	100.0	100.0

표 4-3 동아시아의 EU, NAFTA, 동아시아 무역에 대한 점유율 추이(%)
출처: IMF, Direction of Trade Statistics Yearbook.

가 그 뒤를 잇고 있다. EU는 점차 역내 무역 비율이 증가하여 1995년에는 수출 62.3%, 수입 60.9%로 최고조에 이르렀지만, 이후 점차 하락세를 보이고 있다.

NAFTA는 1994년 출범 이래 꾸준히 역내 무역 비율을 끌어올려, 2002년에는 수출 56.7%, 수입 38.2%라는 지역 통합의 성과를 올리고 있다. 특히 수출의 역내 무역 비율이 EU 수준에 근접하고 있는 것을 보면, NAFTA가 미국, 캐나다뿐 아니라 개발도상국적 요소가 강한 멕시코를 끌어들인 무역 효과가 크다는 사실을 알 수 있다.

MERCOSUR의 역내 무역 비율은 수출입 모두 1980, 90년대 초에 10%대였던 것이 1995년에는 20%대로 상승했으나, 그 후 역내 무역 비율의 증가율은 정체되어 있다.

동아시아(아세안+3)의 역내 무역 비율[11]이 EU와 NAFTA에

	1980 수출 수입	1990 수출 수입	1995 수출 수입	2000 수출 수입	2002 수출 수입
한·중·일	15.8 12.8	13.9 15.8	18.7 21.8	18.7 22.9	20.1 24.5
ASEAN+3	31.7 33.5	36.7 33.0	44.9 45.7	42.6 48.4	44.8 49.2
NAFTA	33.6 33.9	41.4 33.3	46.2 37.7	55.7 39.8	56.7 38.2
MERCOSUR	15.9 11.9	11.8 18.3	23.2 20.8	23.5 24.2	16.5 22.5
EU	52.5 47.4	58.5 56.4	62.3 60.9	62.3 58.0	61.5 51.5

표 4-4 동아시아(아세안+3), EU, NAFTA, MERCOSUR 역내 무역 비율의 추이(%)

출처 : OECD, International Trade by Commodity Statistics; IMF, Direction of Trade Statistics. 아베 카즈토모阿部一知 동경전기 대학 교수가 작성.

대한 무역 의존도 저하와 더불어 상승한 사실은 앞서 제시한 IMF 통계에서도 알 수 있지만, 표 4-4를 보면 1980, 90년에 30% 대였던 수출입이 1995년에는 약 45%로 증가하고 있다는 사실을 알 수 있다. 2000년에는 아시아 통화 위기의 영향 때문에 수출이 42.6%로 감소했지만 2002년에는 회복세로 돌아서 수출입 모두 상승세를 보이고 있다.

동아시아 중에서도 한·중·일 3개국 간 역내 무역 비율은 수출입 모두 20%대 전후로, 3개국 경제의 상호 의존 관계에 비추어 본다면 예상 외로 저조하다는 것을 알 수 있다.

그 이유로서 한·중·일 3개국의 무역이 다자적이고, 여전히 미국과 EU 시장에 의존하고 있다는 점, 그리고 3개국 간에 FTA 협정이 체결되지 않았다는 점 등을 고려해 볼 수 있다.

2002년 동아시아(아세안+3)의 역내 무역 비율을 보면, 수출(44.8%)은 NAFTA(56.7%)에 미치지 못하지만, 수입(49.2%)은 이미 NAFTA(38.2%)를 웃돌고 있다. EU 및 NAFTA의 확대가 앞으로 각각의 역내 무역 비율을 어떻게 변화시킬지 궁금하기도 하지만, 동아시아 지역에 경제 공동체가 성립되면 동아시아의 역내 무역 비율은 아마 NAFTA를 제치고 EU의 역내 무역 비율에 근접할 것이라 예상된다.

이와 같이 동아시아 경제는 무역 면에서 급속히 상호 의존 관계를 강화하면서 보완성을 높이고 있으며, 경제 공동체 성립에 필요한 경제적 조건이 점차 마련되고 있다는 사실을 알 수 있다.

일본의 대 동아시아(아세안, 한국, 중국) 무역

다음으로 2003년 일본의 아세안, 한국, 중국과의 무역 관계를 미국, EU와의 무역 관계와 비교 검증하고, 무역 면에서 동아시아와 일본의 상호 의존 관계가 얼마나 심화되고 있는지 분석하고자 한다.

그림 4-1은 2003년 일본의 수출입 실적을 나타낸 것이다. 이 그림을 통해서도 알 수 있듯이, 일본의 최대 수출국은 여전히 미국이며, 일본 총 수출 실적의 약 25%를 차지하고 있다. 그러나 동아시아 국가들(아세안, 한국, 중국, 홍콩, 대만)에 대한 수출 실적을 보면 45.5%로 미국과 EU에 대한 수출 실적을 크게 웃돌고 있어, 수출 국가가 동아시아 지역에 집중되어 있다는 사실을 알 수 있다. 특히 중국에 대한 수출 증가 경향이 뚜렷하다고 할 수 있다. 1990년에 일본의 수출국으로서는 2.1%로 12위

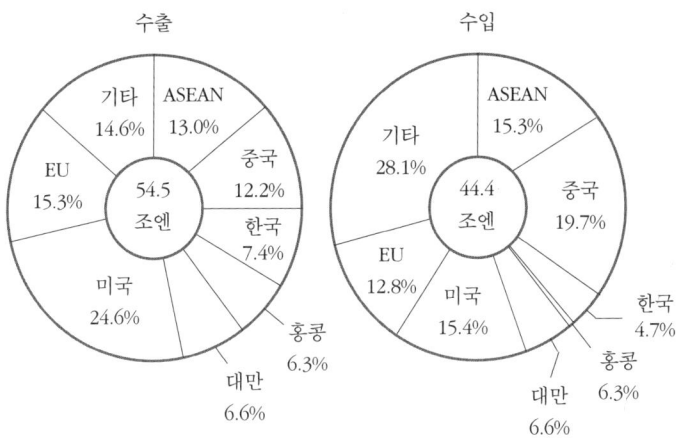

그림 4-1 일본의 수출입 실적(2003)

출처: 재무성, 『무역통계』

에 불과했던 수출 실적이 2001년 이후에는 일본의 제2의 수출국으로 약진하고 있다. 중국에 홍콩, 대만까지 포함하면 중국 경제권에 대한 수출 규모는 총 수출의 약 25%를 차지하고 있으며, 거의 미국에 필적할 만한 시장 규모라 할 수 있다.

한편, 2003년 중국의 수입 점유율을 보면, 일본 수입 총액의 약 20%를 차지하고 있으며, 2002년 이후에는 미국을 제치고 1위를 차지하고 있다. 중국 경제권의 수입 점유율은 23.8%에 달하고 있다. 또한 동아시아 국가(아세안, 한국, 중국, 홍콩, 대만)의 수입 점유율은 43.8%로 미국과 EU를 크게 웃돌고 있다.

이와 같이 2003년 일본의 수출입 점유율을 보면 미국, 중국, 아세안, EU, 한국 순이지만, 앞으로 중국과의 무역이 증가할 것이라는 점을 고려해 볼 때, 중국과의 무역이 미국과의 무역 규모에 버금가는 규모로 성장하거나 또는 미국과의 무역 규모를 능가할 수도 있다는 사실을 예측할 수 있다. 즉, "동아시아 경제 공동체"를 구축하는 데 있어 중국은 무역 면에서도 아세안과 더불어 일본에게 중요한 파트너가 되고 있다.

또한 한국과의 무역 실적을 보면, 1990년대 이후 수출 점유율은 6%대를 유지해 왔지만, 2003년에는 7.4%(약 347억 달러)로 증가했다는 사실을 알 수 있다. 수출 순위로는 미국, EU, 아세안, 중국에 이어 5위를 유지하고 있다. 수입에서는 2003년에 4.7%(약 178억 달러)를 차지하고 있으며, 1995년 이후 중국, 미국, 아세안, EU에 이어 5위를 유지하고 있다. 그러나 한일 무역은 중일 무역과 비교해 볼 때 그 규모가 작다.

한 · 중 · 일 3개국의 무역 순환 관계

그림 4-2에서 알 수 있듯이, 한 · 중 · 일 3개국 간 무역 관계에는 한 가지 특징이 있다. 중일 간 무역은 1990년 이후 일본의 수입 초과로 수입 초과 폭이 계속 커지고 있다. 또한 한일 간 무역은 1985년 이후 계속 한국이 수입 초과 상태이며, 한중 간 무역은 항상 중국이 수입 초과 상태이다. 즉, 한 · 중 · 일 무역은 순환 관계에 있다고 할 수 있다. 이러한 무역 관계는 이들 3개국의 경제 구조와 무역 구조를 반영한 것으로, 관계를 갑자기 변화시킬 수는 없지만, 무역 수지의 극단적인 불균형은 상호 무역의 지속적인 발전을 저해하는 요인이 될 수 있다. 일본이 저렴한 노동력을 얻기 위해 중국으로 생산 거점을 이전하여 중국과

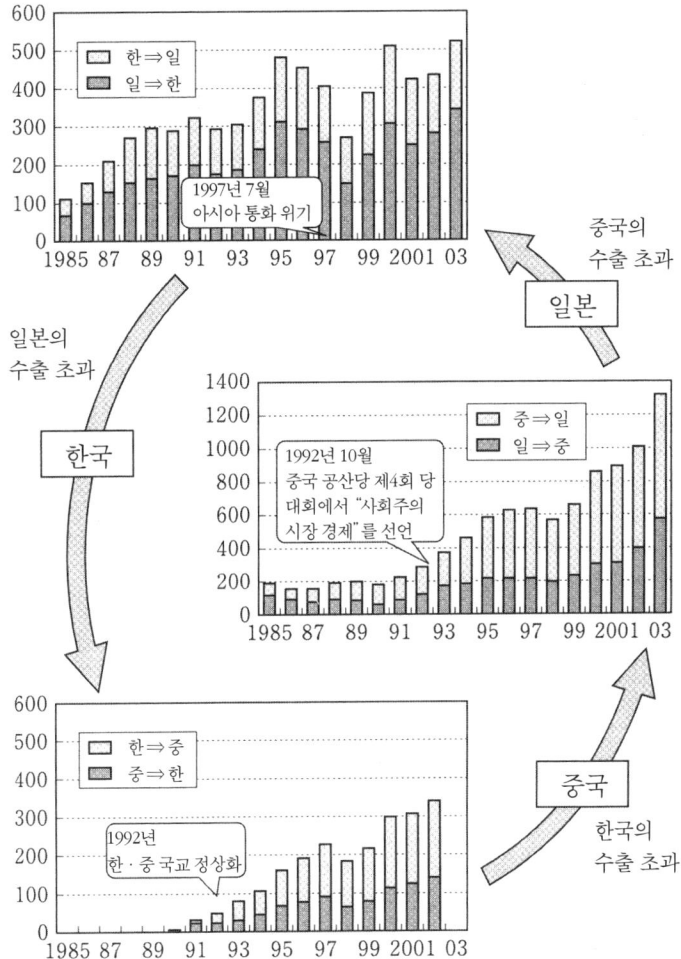

그림 4-2 한 · 중 · 일 3개국 간 무역액 및 무역 수지 추이(1985-2003)

출처: 중일, 한일 간은 재무성 『무역통계』, 한중 간은 ADB, Key Indicators 2003의 수출국 측 데이터, 외무성 아시아대양주국 지역정책과 자료.

분업 체제를 확립한다면 일본의 수입 초과 폭은 더욱 확대될 것이다. 중일 무역이 확대되는 것은 좋은 일이지만 너무 극단적인 일본의 수입 초과 폭의 확대는 예전의 미일 관계와 같은 무역 마찰을 일으킬 수 있다. 한일 무역보다 규모가 큰 중일 무역의 향후 발전 양상은 중일 경제뿐 아니라 "동아시아 경제 공동체" 성립 여부에도 큰 영향을 끼칠 것이다. 따라서 중국 경제의 발전과 더불어 보다 균형 잡힌 중일 무역 확대가 기대된다.

최근 수십 년간 한·중·일 3개국 간의 무역 규모는 꾸준한 성장세를 보이고 있지만, 3개국의 역내 무역 비율은 약 20%로, EU와 NAFTA와 비교한다면 결코 높다고 할 수 없다. 한·중·일 간에는 무역 관계에 있어서 아직도 많은 문제가 존재하며, 제도상 조직화된 협의 시스템이 없는 상태이다. 따라서 현재 협상이 진전되고 있지 않은 한일 FTA 협상을 시급히 재개해야 하며, 더 나아가 중일 무역을 더욱 발전시키기 위해서는 중국과도 FTA를 체결해야 할 것이다.

(4) 동아시아 지역 내 투자의 흐름

불충분한 투자의 흐름

앞에서도 살펴보았듯이 동아시아의 급속한 경제 발전을 지탱해 온 것은 무역이었다. 그렇다면 여기서는 무역과 밀접한 관계에 있으며, "동아시아 경제 공동체" 구축에 있어서 무역과 더불어 중요한 역할이 기대되는 투자 문제에 대해서 생각해 보자.

동아시아 경제에서 투자 분야는 무역 관계에서 볼 수 있는 것과 같은 활발한 상호 의존 관계가 존재하지는 않는다. 일반적으로 FDI(해외 직접 투자)는 무역과 마찬가지로 지역 경제 통합 추진을 위한 엔진 역할을 한다고 인식되고 있다. WTO 및 UNCTAD의 통계에 따르면, 세계 FDI 건수는 세계화의 흐름 속에서 1980년, 90년대에 급속히 증가하였으며, FDI 증가율은 무역 증가율을 크게 웃돌고 있다. 특히 1990년부터 2000년까지의 FDI 증가율은 무역 증가율의 약 7배에 달하고 있다. 그러나 2001년에 들어서자 FDI의 움직임에 변화가 생기면서 세계 FDI 건수는 감소세를 보이고 있다.

이러한 세계 FDI 흐름에서 차지하는 동아시아 지역 내 투자 점유율은 동아시아 경제의 GDP와 무역량 규모로 볼 때 결코 크다고는 할 수 없다. 2002년 11월에 NIRA(종합연구개발기구)가 발표한 한·중·일 공동 연구(2장 4절 참조)에 따르면, 동아시아의 3대 경제 대국인 한·중·일이 세계 FDI 유입에서 차지하는 점유율은 최고에 달했던 1994년에는 15.4%였지만, 2000년에는 4.7%로 감소했으며, 또한 세계 FDI 유출에서 차지하는 한·중·일 점유율은 1990년의 20.4%에서 2000년에는 3.4%로 감소하였다.

이와 같이 점유율이 급격히 감소한 배경으로 1997년 아시아 통화 위기의 영향력이 작용했을 거라는 점은 충분히 고려할 수는 있지만, 보다 주목해야 할 점은 2000년 세계 FDI 유입에서 차지하는 EU의 점유율이 48.6%, 유출에서 차지하는 점유율이 67.2%였던 것에 비해, 한·중·일이 차지하는 점유율은 상당히 저조했다는 것이다. 즉, 무역량의 크기에 비해, 투자 면에서는

	직접 투자 금액 (단위 : 100만 달러)	비율 (%)
홍콩	17,860.93	33.9
버진아일랜드	6,117.39	11.6
미국	5,423.92	10.3
일본	4,190.09	7.9
대만	3,709.82	7.5
EU	3,709.82	7.0
ASEAN	3.255.94	6.2
한국	2,720.73	5.2
기타	5,493.40	10.4
합계	52,742.86	100.0

표 4-5 중국의 직접 투자 유치 실적(2002)
출처 : 『중국통계연감 2003』 집계

세계 FDI 흐름에서 차지하는 한·중·일 비중이 상당히 작다고 할 수 있다.

또한 한·중·일 3개국 간의 FDI 유출입도 활발하다고는 할 수 없다. 이들 3개국 간 역내 FDI 점유율은 1990년의 2.3%에서 1995년에는 9.8%로 증가했지만, 2000년에는 6.1%로 감소했다. 물론 아시아 통화 위기의 영향이 있었다는 점은 고려해야 하겠지만, EU 지역 내 FDI 점유율이 1998년에 유입 40%, 유출 52%이었다는 점과 비교해 보더라도, 그리고 2000년 한·중·일 역내 무역 비율인 수입 22.9%, 수출 18.7%에 비춰 보더라도 상당히 저조하다고 할 수 있다.

표 4-5, 4-6은 2002년 중국과 한국의 직접 투자 유치 실적을

	직접 투자 금액 (단위 : 1,000달러)	비율 (%)
미국	4,499,552	49.4
일본	1,403,542	15.4
네덜란드	450,516	5.0
독일	283,664	3.1
중국	249,401	2.7
홍콩	234,148	2.6
영국	115,441	1.3
프랑스	110,826	1.2
스위스	30,649	0.3
기타	1,723,585	18.9
합계	9,101,324	100.0

표 4-6 한국의 직접 투자 유치 실적
출처 : Korea National Statistical Office의 HP

나타낸 것이다. 표 4-5에 따르면, 중국에 대한 중국 경제권(홍콩, 마카오, 대만)의 투자는 중국의 직접 투자 유치 금액의 42.5%에 달하고 있지만, 일본의 투자는 7.9%, 한국의 투자는 5.2%에 불과하다. 또한 한국에 대해서는 표 4-6에서 볼 수 있는 것처럼 미국이 최대 투자국으로서 49.4%의 점유율을 차지하고 있지만, 일본은 2위임에도 불구하고 15.4%로 미국과 큰 차이를 보이고 있으며, 중국의 투자율 또한 2.7%로 상당히 저조하다는 것을 알 수 있다.

일본의 대외 직접 투자(대 동아시아 주요국, 아세안) **추이**
다음으로 1989년부터 2002년(회계 연도)까지 14년간 일본의 대

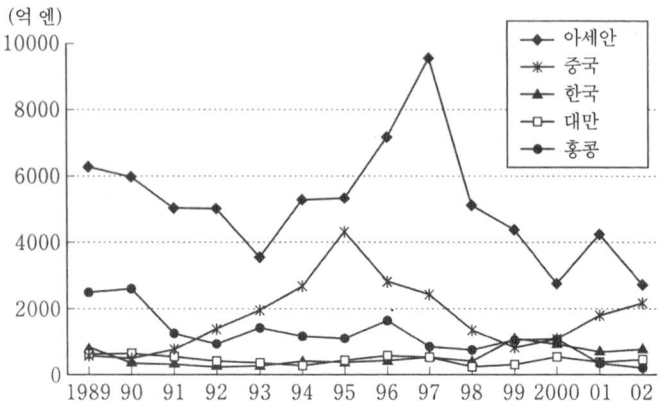

그림 4-3 일본의 대외 직접 투자(회계 연도 신고 기준)
주) 정부 당국에 대한 신고를 바탕으로 한 대외 직접 투자액은, 일본으로의 투자
철수 금액(자금 유입액)을 고려하지 않은 일본의 상대국에 대한 총 자금 유출
금액이다.
출처: 재무성, 『대외 직접 투자 실적』

동아시아 FDI 추이에 대해 살펴보고자 한다. 그림 4-3에서 볼
수 있는 것처럼 일본의 대 아세안 FDI는 1989년부터 감소세를
보이고 있지만, 1993년 이후에는 증가세로 돌아서 1997년에 최
고조에 달했으며, 그 후 아시아 통화 위기의 영향을 받아 큰 폭
의 하락세를 보이고 있다. 2001년에는 일시적으로 상승세를 보
이고 있지만, 2002년에는 다시 하락세를 보이며, 일본과 동아시
아 국가들의 경기 동향의 영향으로 상하 운동을 반복하고 있다.
2002년도 일본의 대 아세안 FDI는 2,709억 엔으로, 일본의 FDI
총액 4조 4,175억 엔의 6.1%에 불과하며, 아세안과 연계 강화를

지향하는 일본으로서는 결코 많은 금액이라고는 할 수 없다.

또한 일본의 대 중국 FDI는 1990년부터 급속히 증가하여 1995년에 최고조에 달했지만, 이후 하락세로 돌아서서 아시아 통화 위기의 영향과 맞물려 큰 하락폭을 보였다. 또한 1999년 이후 상승세로 돌아서 2002년에는 2,000억 엔대까지 회복세를 보이고 있다. 향후 일본의 대 중국 FDI는 증가할 것으로 보이지만, 중국과 일본의 경제 규모로 볼 때, 일본의 대 중국 FDI는 상당히 저조하다고 할 수 있다. 또한 대 한국 FDI도 마찬가지로 낮은 수준을 보이고 있다.

이와 같이 일본의 동아시아에 대한 FDI는 금액상으로도, 일본의 FDI 총액에서 차지하는 점유율 상으로도 결코 높은 수준이라고는 할 수 없을 뿐 아니라 최근 14년간 전혀 증가하지 않은 채 오히려 감소세를 보이고 있다는 사실에 주목해야 한다.

동아시아 역내 투자 침체의 원인은 무엇인가.

지금까지 동아시아 역내 투자가 역내 무역에 비해 활발하지 못한 현상에 대해 데이터를 통해 분석해 보았다. 그렇다면 그 원인에 대해 살펴보도록 하자.

가장 큰 원인으로 들 수 있는 것은, 홍콩, 마카오의 중국에 대한 직접 투자를 제외하면 현재 동아시아 역내 투자의 대부분을 역내 최대 투자 제공국인 일본에 의존할 수밖에 없다는 점이다. 아세안과 중국, 한국의 역내 투자는 상당히 미미한 수준이기 때문에, 동아시아에 대한 일본의 직접 투자가 활발하지 못한 점이 동아시아 역내 투자 침체의 주요 원인이라 할 수 있다.

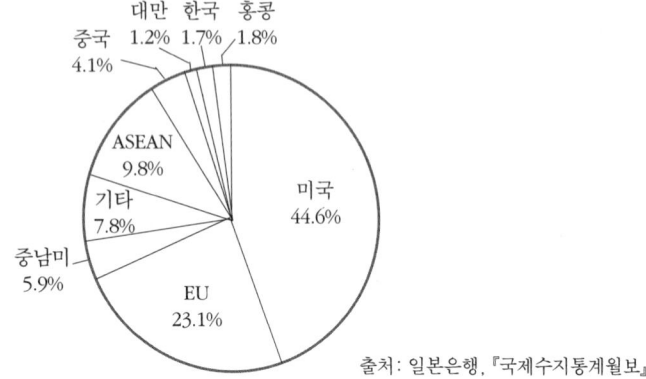

출처: 일본은행, 『국제수지통계월보』

그림 4-4 일본 대외 직접 투자 잔액의 지역별 내역(2002년 말: 36조 4,776억 엔)

그렇다면 과연 동아시아 국가들에 대한 직접 투자가 활발히 이루어지지 않는 이유는 무엇일까.

첫 번째로, 그림 4-4에서 볼 수 있는 것처럼 2002년 말 일본의 대외 직접 투자 잔액 36조 4,776억 엔 중 대부분이 미국(44.6%) 및 EU(23.1%)에 집중되어 있으며, 동아시아는 아세안(9.8%), 중국(4.1%), 홍콩(1.8%), 한국(1.7%), 대만(1.2%) 등으로 합계로 보더라도 18.6%에 불과하다. 즉, 일본의 FDI는 주로 구미 선진국 지향적이며, 동아시아는 직접 투자 유치국으로서 그다지 중요한 위치를 차지하고 있지 않다는 점을 들 수 있다.

두 번째로, 일본의 장기적인 경제 침체가 동아시아뿐만 아니라 세계에 대한 일본의 FDI 진출에 장애가 된 점, 그리고 아시아 통화 위기의 영향으로 일본의 동아시아 지역 FDI의 중점 대상인 대 아세안 FDI가 크게 감소한 점을 들 수 있다. 일본의 대 아세안 FDI는 일본 경제의 회복과 동아시아 경제의 통화 위기 회복이 본격화됨에 따라 점차 증가하고 있지만, 아시아 통화 위기 전과 같은 기세는 찾아볼 수 없다.

　세 번째로, 동아시아에 대한 일본의 FDI 활성화를 위해서는 일본의 대 중국 FDI가 보다 큰 역할을 해야 하겠지만, 동아시아에 대한 일본의 FDI가 활발하지 못한 원인으로는 중국 경제 규모의 크기와 중일 경제의 긴밀한 상호 의존 관계에 비해 일본의 대 중국 FDI가 저조한 점을 들 수 있다. 여기에도 여러 원인이 있지만, 그중 한 가지는 일본의 대 중국 투자의 대부분이 대규모 금융 투자나 M&A(기업의 인수 합병)가 아닌 소규모 신규 기업이나 공장 건설을 위한 투자라는 것이다. 그러나 일본의 대 중국 투자 촉진을 저해하고 있는 최대 원인은 일본의 기업가나 투자가에게 뿌리 깊이 남아 있는 중국 투자에 대한 강한 불안감과 불신감이 아닐까 싶다. 일본이 리스크를 분산하기 위해 투자의 일부를 홍콩을 경유해 하고 있다는 점도 그 일례라 할 수 있다. 분명히, 무역과는 달리 투자에는 더 많은 리스크가 동반되기 때문에 상호 신뢰 관계가 형성되지 않으면 투자가 촉진될 수 없다.

　그렇다면 어떻게 해야 일본의 대 중국 투자가 상호 경제 규모에 걸맞은 발전을 이룰 수 있을까. 현재 중일 간에는 무역·투자를 촉진시키기 위한 제도화된 협력 체제가 없다. 중국 측도 무역에 있어서는 자유화를 위해 많은 노력을 하였다. 그러나 투자에 있어서는 투자 유치 환경 개선 등 투자 보호를 비롯한 법 정비의 필요성이 절실하다. FDI는 무역과 마찬가지로 또는 그 이상으로 경제를 활성화하고 지역 통합을 촉진시키는 경제적 요인이기 때문에 투자 문제를 둘러싼 중일 간 협조는 상당히 중요하다고 할 수 있다. 이를 위해서라도 중일 간 FTA 협상이 빠른 시일 내에 시작되어야 할 것이다.

2. 한·중·일 연계야말로 열쇠이다

(1) 동아시아에서 차지하는 한·중·일의 비중

정치적으로 본다면, 그동안 동아시아의 지역 통합을 향한 움직임은 아세안이 중심이 되어 한국-아세안, 중국-아세안, 일본-아세안의 형태로 추진되어 왔다. 따라서 현재 한·중·일과 아세안이 일체화된 형태의 "동아시아 경제 공동체"가 성립한다는 명확한 전망은 보이지 않는다. 이들 세 가지 형태의 지역 통합이 성립되는 2010년경에는 세 축이 하나로 통합될 것이라는 전망도 나올 수 있겠지만, 이와 같이 장기적 비전이 결여되어 있는 상태로는 실효성 있는 "동아시아 경제 공동체" 성립은 기대할 수 없을 것이다.

분명히 아세안+3 체제는 아세안의 주도 하에 시작되었으며, 정치적으로 본다면 동아시아 지역 통합을 한·중·일 3국 중 하나가 추진하는 것보다는 아세안이 추진하는 편이 바람직하다고 할 수 있을 것이다. 그러나 경제적으로 볼 때, 실질적으

로 한 · 중 · 일이 하나가 되어 경제 공동체를 성립시키지 못한
다면, 동아시아의 경제 규모와 성장 가능성을 충분히 살릴 수는
없을 것이다. 동아시아 경제권의 경제 규모(4장의 표 4-1 참조)
에 대해서는 앞에서 언급한 바 있으며, 인구에 있어서 한 · 중 ·
일은 아세안의 약 2.7배, GNI(명목) 상으로는 약 10.5배,
GNI(PPP) 상으로는 약 5.1배라는 큰 차이를 보인다. "동아시아
경제 공동체"를 성립시키는 데 있어서 일본에게 아세안은 정치
적으로 필요한 파트너일지는 몰라도 경제적으로는 한국과 중
국이 더 중요한 파트너일 수밖에 없다.

이러한 관점에서 본다면 2003년 12월 일본-아세안 특별 정
상 회담에서 일본이 취한 아세안 중시 정책은 다분히 배타적이
라 할 수 있으며, 특히 중국에게는 소외감을 안겨주었을지도 모
르는 일이다. 일본은 이미 아세안 주요국들과 FTA 협상을 시작
하였으며, 한국과도 FTA 협상을 진행 중에 있다. 남은 문제는
중국과의 FTA이다. 중국은 일본에게 FTA 협상을 요구하고 있
지만, 일본은 이에 응하지 않고 있다. 일본은 가능한 빨리 중국
과 FTA 협상을 시작하여 아세안과의 FTA와 더불어 한 · 중 · 일
FTA 네트워크를 확대해야 할 것이다.

(2) 한 · 중 · 일을 중심으로 한 FTA의 경제적 효과

2004년 3월, 외무성이 발표한『한중일 3개국의 경쟁력 비교 공
동연구』[12]에 따르면, 한 · 중 · 일 간에 FTA가 체결될 경우와 체
결되지 않을 경우를 비교해 볼 때, 일본은 연간 0.033%, 중국은

연간 0.484%, 한국은 연간 0.298%의 경제 성장률이 더 증가될 것이라고 한다. 또한 FTA가 아세안+3(한·중·일)로 확대될 경우, 일본은 연간 0.061%, 중국은 연간 0.497%, 한국은 연간 0.366%의 경제 성장률이 더 증가될 것이며, 만약 아세안+3이 "동아시아 경제 공동체"로 확대될 경우 경제적 효과는 더욱 커질 것이다. 추계에 따르면, 한·중·일 FTA의 경우와 아세안+3 FTA의 경우 모두 중국이 최대 수혜국이 될 것이며, 이어서 한국, 일본 순으로 수익을 얻게 된다고 한다. 아세안+3 FTA가 일본에게 안겨줄 0.06%라는 성장률은 작은 수치로 보일지 모른다. 그러나 일본이 한국이나 중국보다 성숙한 경제 단계에 있으며, 명목 GDP상 세계 2위의 규모를 갖고 있다는 사실을 고려한다면 결코 작은 수치라고는 할 수 없다.

FTA는 단기적으로는 각국에게 막대한 문제를 초래할 수 있다. 그러나 장기적으로 볼 때, 보다 많은 이득을 얻을 수 있다는 점에 주목해야 할 것이다. 일본도 농업 문제라는 중대한 국내 문제를 떠안고 있지만, 농업 분야에서 다소 희생을 치르더라도 일본의 강점 분야이자 비교 우위를 차지하고 있는 첨단 기술 분야를 살린다면, 장기적으로 볼 때 일본 경제 발전에 도움이 될 것이다.

앞서 말한 대로 한국과 아세안, 중국과 아세안, 일본과 아세안, 한국과 일본 간에는 FTA 협상이 각각 진행되고 있지만, 막상 중요한 중일 FTA는 진행될 기미를 보이지 않고 있다. 그 이유는 일본이 중국의 협상 촉구에도 불구하고 중국에 대한 강한 경계심 때문에 '중국이 WTO 규정을 준수할 줄 아는 국가가 된

후에 협상을 하자'는 식의 소극적 태도를 취하고 있기 때문이다. 일본의 경계에도 일리가 없는 것은 아니다. 현재 중국은 무역, 투자 문제, 지적 소유권 문제에서 개선해야 할 문제점들이 많으며, 단번에 이를 해결할 수는 없을 것이다. 그러나 중국은 원칙적으로 WTO 지지 정책을 내세우고 있기 때문에 2003년 칸쿤 WTO 정상 회의에서도 인도, 브라질 등의 개발도상국과는 차별적으로 선진국과 개발도상국 간의 가교 역할을 하고자 했다. 일본은 향후 중국 경제의 변화를 충분히 지켜볼 필요가 있으며, 중국의 대응이 상상 이상으로 빠르다는 점을 고려한다면, '중국과의 FTA 협상은 14-15년 후에나 가능한 일'이라는 식의 느긋한 발언을 해서는 안 될 것이다.

한편, 한국도 일본과 마찬가지로 중국에 대해서 경계는 하지만, 일본에 앞서 중국과 FTA 협상을 시작할 가능성이 크다. 그렇게 된다면 일본은 대 중국 무역에서 차별을 받게 될 것이며, 결국 중국과의 FTA 협상을 서두를 수밖에 없을 것이다.

이와 같은 맥락에서 본다면, 현재 세계 각지에서 진행되고 있는 FTA 협상은 양자간 또는 다자간 FTA에 참여하지 못하여 손해를 본 국가들이 이를 최소화하기 위해 취하고 있는 무역상 방위 조치라고 할 수 있다. 일본이 멕시코와 FTA를 체결한 가장 큰 이유도, NAFTA 성립 후, 일본은 멕시코 시장에서 NAFTA 회원국인 미국, 캐나다와 달리 차별 대우를 받았으며, 일본은 이를 극복하기 위한 방위 조치로서 멕시코와 FTA를 체결한 것이다. 또한 언젠가는 중국과도 FTA 협상의 필요성을 느끼게 될 것이다. 따라서 일본은 중국과의 투자 보호 · 조세 협정 · 지적

소유권 등의 경제적 안건을 FTA 및 EPA 협상을 통해 개선하고
해결해 나가야 할 것이다.

5. "동아시아 경제 공동체"의 경제적 이득

1. 동아시아의 협조적 분업 체제 확립

동아시아 경제의 다양성과 발전 단계의 격차는 동아시아 특유의 "안행형雁行型 발전"[13]을 초래했으며, 이를 통해 동아시아는 자연스러운 형태의 원만한 분업 체제를 형성해 왔다고 할 수 있다. "안행형 발전"은, 동아시아에서 가장 우위의 경제 발전 단계에 있는 일본 산업이 동아시아의 NIES(한국, 대만, 홍콩, 싱가포르)에게 따라잡히면서, 고도화된 산업으로 이행하기 위한 구조조정에 의해 형성되었다고 할 수 있다. 또한 NIES도 아세안 4(태국, 말레이시아, 필리핀, 인도네시아)에게 따라잡히면서 더욱 고도화된 산업으로 이행했으며, 앞으로 아세안 4도 약진하는 중국이 아세안 4의 산업 단계를 따라잡는다면, 보다 고도화된 산업으로 이행할 수밖에 없게 된다는 것이다. 이와 같이

"안행형 발전" 형태는 '캐치 업catch-up 프로세스'를 통해 동아시아의 구조조정을 촉진했으며, 발전 단계에 적합한 분업 체제를 형성해 왔다고 할 수 있다. 이러한 흐름 속에서 "동아시아 경제 공동체"가 형성된다면, "안행형 발전"은 더욱 촉진될 것이며, 협조적 분업 체제가 구축되면서 동아시아 경제는 보다 역동적으로 발전할 것이다.

일본은 동아시아 국가들 중 가장 발전한 선진국이기 때문에 개발도상국, 특히 급성장을 이루고 있는 중국의 존재를 우려하는 경향이 있다. 그러나 일본도 제2차 세계대전 이후에 미국을 비롯한 기타 선진국을 따라 발전해 왔다는 사실을 잊어서는 안 된다. OECD는 선진국들에게 '선진국은 개발도상국의 발전을 두려워할 것이 아니라, 현 산업 구조를 보다 고도화시켜 첨단 산업 및 서비스 영역으로의 이행을 추진해야 한다'고 권고하고 있다. OECD 주요국 중 제2차 세계대전 후 안행형 발전 형태에 따라 급속한 발전을 이룬 독일과 일본은, 기타 주요 선진국과 비교해 볼 때, 자동차, 철강 등 전통적 제조업에 대한 의존도는 높지만, 서비스 영역이 뒤쳐져 있다고 지적받고 있다.

이러한 OECD의 지적에도 불구하고 일본은 아직도 "세계에서 가장 뛰어난 제조업"을 보호해야 한다는 생각을 하고 있다. 분명히 "제조업"은 일본의 특성이며, 가능한 살려야 할 것이다. 그러나 일본의 전통적 제조업 중에서도 철강, 조선, 시멘트, 자동차, TV, 전자 등의 분야에서는 중국과 NIES가 약진세를 보이고 있으며, 특히 중국은 제조업 분야의 생산량에서 거의 1위를 차지하고 있다. 따라서 일본의 제조업도 보다 부가가치가 높은 첨단 분야로 이행할 수밖에 없을 것이며, 장기적으로 볼 때 일본 제조업의 구조조정은 일본 경제에 큰 이익을 가져다줄 것이다. 일본은 "동아시아 경제 공동체"를 성립시킴으로써 중국을 비롯한 동아시아 국가들과 협조적 분업 체제를 확립해야 할 것이다.

2. 일본 경제를 활성화시키기 위해서는

(1) 동아시아를 경제 활성화 파트너로

OECD의 『2020년의 세계』에 따르면, 1995년부터 2020년까지 일본 경제의 평균 성장률은 최고 2.7%, 최저 1.8%라 예측되고 있다. 이는 같은 기간 OECD 국가들의 평균 성장률이 최고 2.8%, 최저 2.1%인데 비해 약간 낮은 수준이다. 일반적으로 선진국은 경제 성숙기로 들어서면서 인구 증가율의 감소와 고령화에 의해 자본 축적 능력과 경제 성장률이 떨어지게 된다.

　일본은 제2차 세계대전 이후 고도성장을 계속 이루면서 구미 선진국의 수준을 따라잡았으며, 1964년에 OECD에 가입한 후발 선진국이다. 이러한 일본이 2020년으로 가면서 OECD 선진국의 평균 성장률보다 저조한 성장률을 보일 것이라는 예측이 나온 이유는 일본의 인구가 기타 OECD 선진국보다 빠른 속도로 감소하기 시작하였으며, 고령화가 급속히 진행되고 있기 때문이다.

국립 사회보장·인구문제연구소의 예측(2002년판)에 따르면, 일본의 총인구는 중위 추계(추계치의 평균)로 2006년의 1억 2,774만 명을 정점으로 감소하기 시작하여, 2025년에는 1억 2,114만 명, 2050년에는 1억 60만 명이 될 것이라고 예측되고 있다. 또한 이 예측의 저위 추계(최고 추계치)에 따르면, 인구가 정점에 달하는 시기는 2004년 1억 2,748만 명으로, 2025년에는 1억 1,776만 명, 2050년에는 9,203만 명으로 1억 명을 밑돌 것이라고 예측되고 있다. 이러한 미래 추계 인구는 2002년에 추계된 중위 추계에 의한 합계 특수 출산율인 1.39%에 의거하여 계산된 것이다. 한편, 2004년 6월에 후생노동성에 의해 하향 조정되어 발표된 합계 특수 출산율인 1.29%에 근거하여 계산하면, 일본의 인구 감소는 더욱 급격히 진행되어 2100년에는 중위 추계로 6,000만 명대, 저위 추계로 5,000만 명대에 이를 것으로 예상된다.

또한 인구 감소와 더불어 고령화 진행 속도 또한 빨라 1990년까지 OECD 선진국 중에서 가장 낮았던 고령화율(65세 이상 인구/전체 인구)이 2005년에는 선진국 중 최고 수준인 20%에 달할 것으로 보이며, 2050년에는 35.2%까지 상승할 전망이다. 2050년까지 고령화 비율이 30%를 넘는 것은 일본, 스페인(35.0%), 이탈리아(34.4%)뿐이다. 2003년도 『경제재정백서』에 따르면, 고령화 비율이 7%에서 14%에 달하기까지 프랑스가 115년, 스웨덴이 85년, 영국이 47년, 독일이 40년 소요되었는데 비해, 일본은 1970년부터 1994년까지 불과 24년밖에 걸리지 않

왔다.

이러한 인구 감소와 고령화 진행 속도에 따라 일본의 생산 연령 인구(15-64세)는 2000년의 8,622만 명(총인구의 68.1%)에서 2050년에는 5,389만 명(총인구의 53.6%)으로 감소될 것으로 보인다. 또한 현재는 현역 세대(20-64세)의 약 3.6명이 고령자 한 명(65세 이상)을 부양하고 있는데 비해, 2025년에는 약 1.9명, 2050년에는 약 1.4명이 고령자 한 명을 부양해야 할 것으로 보인다. 인구 감소와 고령화에 의한 생산 연령 인구의 감소는 노동 투입 감소를 초래하여 경제 성장률을 약화시킨다.

이와 같이 후발 선진국인 일본이 구미 선진국보다 빨리 선진국병에 걸린 사실은 참으로 놀라운 일이다. 이는 일본 경제의 급속한 성장이 초래한 심각한 후유증이라 할 수 있을 것이다. 일본 경제가 이와 같은 병세를 치유하기 위해서는 일본 스스로 경제 · 사회 시스템을 개혁하여 급속한 인구 감소와 고령화를 막고자 노력해야 할 것이다. 또한 빠른 속도로 역동적인 성장을 이루고 있는 동아시아에 좀 더 관심을 갖고, "동아시아 경제 공동체"를 창설함으로써 동아시아, 특히 중국을 파트너로 일본 경제의 활성화를 도모해야 할 것이다.

(2) 동아시아 노동력의 수용

인구 감소와 고령화에 의한 노동력 저하를 막고, 일본 경제를 활성화시키기 위해서는 외국에서 노동력을 받아들여 생산 연령 인구를 증가시킬 필요가 있다.

OECD의 「국제 노동 이동: 연차 보고Trends in Interna-
tional Migration: Annual Report 1998-2001」에 따르면, 1999년
외국인 인구가 전체 인구에서 차지하는 비율은 룩셈부르크가
36.0%, 스위스가 19.2%, 미국이 10.0%, 오스트리아가 9.2%, 벨
기에가 8.8%, 독일이 8.0%인데 비해, 일본은 1.2%로 상당히 낮
은 수준이며, 마찬가지로 낮은 이탈리아 2.2%, 스페인 2.0%와
함께 선진국 중에서도 가장 빨리 인구 감소와 고령화를 맞이한
3개국이기도 하다. 1999년 외국인 노동자 수용 인구는 독일이
159만 명, 영국이 100만 명, 스위스가 70만 명인데 비해, 일본은
67만 명(불법 체류자 포함)으로 일본의 경제 규모와 비교해 볼
때 상당히 적은 수치라고 할 수 있다. 그중 23만 명은 1990년 출
입국 관리 개정에 의해 직종을 불문하고 취업이 가능케 된 일
본계 2세, 3세이며, 그 외 22만 명은 전문적 기술 기능을 가진
자 또는 기능 실습을 위해 체류 자격을 부여받은 사람들이다.
또한 20만 명 이상이 불법 체류 노동자라고 할 수 있다.

현재는 그 수가 더욱 증가하여 아마도 80만 명(불법 체류자
포함)에 달하는 외국인 노동자가 존재할 것이라 추측된다. 따라
서 현재 일본계 2세, 3세에게만 부여되고 있는 유리한 입국 조
건을 다른 외국인 노동자 수용에도 확대 적용하여, 보다 폭넓은
동아시아의 노동자, 특히 전문적 지식이나 경험을 갖고 있는 외
국인들을 수용해야 할 것이다. 이러한 방법을 동원한다면 불법
노동자를 줄일 수 있을 것이다.

OECD의 『2020년의 세계』는 인구 감소와 고령화를 막기 위
해서 많은 이민자를 받아들여야 한다고 결론짓고 있다. 앞에서

도 말한 것처럼, 일본의 고령화 비율은 선진국 중에서 가장 높지만, 많은 이민자를 받아들이고 있는 미국의 고령화 비율은 가장 낮은 수준으로 현재 12.3%이다. 2050년에는 20.0%까지 상승할 것으로 예측되고 있지만, 그렇다 하더라도 다른 선진국들의 고령화 비율보다는 훨씬 낮은 수준이라 할 수 있다. 미국은 유럽 국가들보다도 더 많은 이민자를 받아들임으로써 높은 인구 증가율을 유지하고 있으며, 그 결과 낮은 고령화 비율을 유지하면서 OECD 선진국 중에서도 가장 젊고 역동적인 경제 체제를 유지하고 있다.

세계에서 이민자 수용에 가장 소극적인 일본이 많은 이민자를 수용하기란 당장으로서는 어려운 일일 것이다. 단일 민족 국가를 표방하는 일본은 타민족이나 타문화에 폐쇄적이라고 할 수 있다. 그러나 이 상태로 간다면 일본은 세계화의 흐름에서 소외될 수 있다. 앞으로 계속 단일 민족 국가를 고집하는 것은 세계화 흐름 속에서는 불가능한 일일 것이다. 외국인 노동자와 이민자를 받아들인다면 범죄 증가와 치안 악화를 야기할 가능성은 있다. 그러나 어쩔 수 없이 불법 노동자를 인정하는 것보다는, 외국인 노동자 및 이민자의 수용을 확대하고 충분히 심사한 후에 노동자를 수용한다면 외국인 노동자의 질을 향상시키고, 외국인 범죄를 방지할 수도 있을 것이다.

현재 필리핀과 진행중인 FTA 협상에서 필리핀은 고령자에 대한 가택 간호(介護) 서비스나 일반 헬퍼(가정부 등)의 수용을 요구하고 있다. 이를 시작으로 일본은 서서히 외국인 노동자나 엔지니어 등의 인력, 나아가서는 이민자 수용을 요구당하게 될 것이다. 일본이 동아시아에서 경제 공동체를 실현시키고 동아 시아 국가들과 함께 발전해 나가고자 한다면, 인력, 재화, 자본, 기술의 교류는 불가결할 것이다. 일본도 언젠가는 외국인 노동 자의 단기적 수용뿐 아니라 이민자 수용을 인정하게 될 날이 올 것이다.

3. 일본에게 기대되는 역할

(1) 일본에게서 배워야 할 점

"동아시아 공동체"는 일본에게 많은 경제적 이익을 가져다줄 수 있지만, 한편으로는 "동아시아 공동체" 또한 일본의 적극적 협력과 위상을 필요로 하고 있다.

중국을 비롯한 동아시아의 경제 성장세는 매우 뚜렷하여, 그 약진세는 일본을 비롯한 기타 선진국의 추종을 불허할 정도 이다. OECD의 『2020년의 세계』에 따르면, 1995년부터 2020년 까지 일본의 경제 성장률은 최고치로도 2.7%에 불과한 수준이 며, 동아시아 경제의 평균 최고 성장률인 6.9-8.0%와 큰 차이를 보이고 있다.

그러나 2020년 일본의 1인당 국민 소득(구매력 평가에 의 함)은 약 4만 1,000달러로 세계 최고 수준이라 할 수 있다. 이에 비해 아세안의 1인당 국민 소득(구매력 평가)은 약 2만 5,000달러, 중국의 1인당 국민 소득(구매력 평가)은 약 1만 3,000달러로 일본보다 훨씬 낮은 수준일 것이다. 즉, 2020년에는 일본의 경제 규모가 중국의 경제 규모보다는 작아지지만, 만약 일본이 OECD의 지적에 따라 규제 개혁을 적극적으로 추진하여 높은 부가가치를 창출할 수 있는 첨단 분야, 서비스 분야로 역동적인 구조 개혁을 단행한다면, 세계에서 가장 풍요로운 선진국 중 하나로 발전할 것이다. 그렇게만 된다면 일본은 동아시아 경제의 발전 과정에 있어 가장 경험 풍부한 선배 국가로서 후배 국가들에게 많은 성공 사례와 실패 사례를 제시할 수 있을 것이다.

이미 일본 경제의 성장 모델은 1993년에 세계은행이 발표한「동아시아의 기적The East Asian Miracle」에서 높은 평가를 받은 바 있다. 또한 앞에서 설명한 "안행형 발전" 모델도 동아시아의 많은 국가들에게 경제 성장에 대한 한 가지 지침을 제시한다. 한편 1980년대 일본 경제의 거품화와 그것의 붕괴 이후, 1990년에 들어서면서 장기간에 걸친 경제 침체는 일본 경제의 발전을 모델로 삼아 온 동아시아 경제에 한 가지 반성의 본보기로서 교훈을 제공하였다. 1990년에 들어서면서 급속히 진행되기 시작한 세계화는 일본의 경제 환경을 완전히 바꾸어 놓았다. 그러나 일본 경제는 이에 발맞춰 변화된 환경에 대응하지 못했을 뿐만 아니라, 기타 OECD 선진국과 비교해 볼 때, 규제 개혁과 구조 개혁 면에서도 뒤처진 탓에 인구 감소와 고령화에 의한 경제 성장률 저하에 고민하기 시작했다. 그러나 이러한 문제들은 현재 계속 약진하고 있는 동아시아 경제에도 언젠가는 일어날 수 있는 문제라고 할 수 있다.

유엔의 『세계 인구 예측』(1998)에 따르면, 아시아의 총인구는 2000년 약 36억 8,300만 명에서 2050년 54억 3,000만 명까지 계속 증가되지만, 인구 증가율은 아시아 국가들 모두 2000년 이후에 점차 감소하게 될 것이라고 한다. 중국 인구는 2030년에 약 14억 5,000만 명을 정점으로 감소세로 돌아설 것이며, 한국도 2030년, 태국은 2050년을 정점으로 각각 감소하기 시작할 전망이다. 또한 인구 감소와 더불어 이들 국가들의 고령화 비율도 상승하기 시작해 2050년에는 중국이 22.9%, 태국이 21.5%, 베트남이 18.0%, 인도네시아가 16.9%, 인도가 14.4%, 필리핀이 14.0%로 고령화의 여파가 나타날 것이다.

아세안 주요국들은 이미 거품 경제를 경험한 바가 있으며, 이는 아시아 통화 위기의 원인이 되기도 하였다. 또한 많은 아시아 국가들은 일본과 마찬가지로 부실 채권 문제를 떠안고 있다. 특히 중국의 부실 채권 문제는 중국이 지속적 발전을 이루기 위해서 해결해야 할 과제 중 하나라고 할 수 있다.

이와 같이 일본의 성공 사례와 실패 사례는 동아시아 경제가 배워야 할 교훈을 제시하고 있으며, 그러한 의미에서도 "동아시아 경제 공동체" 속에서 일본이 해야 할 역할은 크다고 할 수 있다.

(2) 일본의 특성을 살린 경제 협력

일본은 1992년 이래 ODA(정부 개발 원조) 비중에서 서방 선진국 중 1위를 유지해 왔지만, 2001년 이후에는 장기간의 경제 불황으로 인한 ODA 삭감 때문에 미국에게 1위를 양보하고 2위 원조국이 되었다. 이에 비해 미국 및 EU는 2002년 3월 멕시코 몬트레이에서 열린 개발 자금 국제 회의에서 ODA 증대에 나설 것이라고 발표했다. 그동안 미국 및 EU는, 북유럽 국가들을 제외하고는, 원조를 삭감하는 경향이었지만, 2001년 9월 11일에 일어난 9.11 테러 사건 이후 테러의 온상이 될 빈곤에 대한 대책으로서 ODA를 증가시키기로 결정하였다. 일본의 ODA는 그 후에도 계속 감소하고 있으며, 이대로라면 현재 3위인 프랑스에게도 밀릴 것이라는 우려를 낳고 있다.

경제 협력은 그동안 일본 외교의 기반이 되어 왔다. 그러나 이대로 ODA가 계속 삭감된다면 일본의 외교력은 대폭 약화될 수 있으므로, 추가적인 ODA 삭감은 피해야 할 것이다. 한편, 이러한 상황에서는 한정된 ODA를 효율적으로 활용해야 할 필요가 있다. 세계 경제가 3극 구조로 분화되어 가는 상황을 고려한다면, EU는 아프리카, 미국·캐나다는 중남미, 일본은 아시아에 중점적으로 ODA를 배분해야 할 것이다.

그동안 일본의 ODA는 아시아에 중점을 두고 있었다. 2002년 일본의 ODA 총액 67억 달러 중 양자간 ODA의 약 60%는 아시아에 대한 것이었다. 그 내역을 보면 아세안이 26.0%, 중국이 12.3%, 기타 아시아 국가가 22.4%로 아시아에 대한 비중이 높다. 이러한 사실에 대해 OECD의 DAC(개발원조위원회)는 '아시아, 특히 대부분의 동아시아 국가들이 FDI를 도입하여 자력으로 발전할 능력을 갖고 있다는 점을 고려한다면, 일본의 ODA는 아시아에 너무 치중되어 있다. 아시아보다 더욱 원조를 필요로 하는 아프리카에 보다 많은 ODA를 지원해야 한다' 며 비판을 가하고 있다.

이러한 DAC의 비판은 이상론으로서는 옳다고 할 수 있다. 일본은 1993년 제1회 TICAD(아프리카 개발을 위한 동경 국제 회의)를 시작으로, 1998년 제2회 TICAD, 2003년 제3회 TICAD 를 통해 아프리카 개발 협력을 이끌어 왔지만, 앞으로 일본의 아프리카에 대한 개발 협력은 양적, 질적으로 개선되어야 할 것 이다. 그동안 일본의 경제 원조를 살펴보면, 원조량은 많지만 대부분이 엔 차관으로 이루어져 있으며, 무상 원조 비율은 2000-2001년 연평균 51%로 DAC 원조국 중 최저 수준이었다. 기타 DAC 주요 원조국들은 아프리카에 대해서는 무상 원조를 제공하고 있다. 아프리카에 대한 ODA가 총 ODA에서 차지하 는 비율은 감소하는 추세에 있으며, 2000-2001년 평균치는 10.0%였다. 현실적으로 일본이 아프리카에 대한 지원을 양적으 로 늘리기 어렵다면, 인도적 지원에 중점을 두면서 질적으로 엔 차관을 비롯한 모든 부분을 무상 지원으로 전환해야 할 것이다. 그렇지 않으면 일본에 대한 아프리카의 누적 채무는 점점 증가 할 것이며, 일본은 결국 과다 채무 최빈국(HIPC)에 대한 채무 를 포기해야 할 수밖에 없을 것이다.

한편 아시아, 특히 동아시아에서는 싱가포르를 제외한 아 세안의 주요국들, 그리고 중국, 인도, 방글라데시 등 많은 국가 들이 아직도 일본의 ODA를 지원받고 있다. 일본의 아시아에 대한 원조에 있어서는, 그동안 일본 내에서도 많은 비판이 있었 듯이, 투명성과 효율성을 유지해 나갈 필요가 있다. 아시아의 경우, 원조가 엔 차관으로 이루어지고 있기는 하지만, 일부 국가를 제외하고는 아프리카의 HIPC와 같은 채무 포기의 상황까지 몰린 경우는 없었다. 중국에 대한 원조에 대해서는 일본 내에서 비판이 많지만, 중국은 꾸준히 엔 차관을 상환하고 있으며, 2003년 예측에 따르면 중국의 상환액(1,054억 엔)은 대 중국 엔 차관(967억 엔)을 웃돌고 있다.

1996년 5월 DAC는 「21세기를 향해 : 개발 협력의 공헌 Shaping the 21st Century: The Contribution of Development Co-operation」을 발표하였으며, 보고서 작성 과정에서 과거 원조의 성공 사례와 실패 사례에 대해 조사를 하였다. 조사 결과는 공표되지 않았지만, 몇 건 안 되는 성공 사례의 대부분은 놀랍게도 일본의 대 아시아, 특히 아세안 원조였으며, 대부분의 실패 사례는 일본을 포함한 DAC 주요 원조국의 대 아프리카 원조였다.

이를 통해 알 수 있는 사실은, 일본이 아시아에 대해서는 다른 DAC 회원국보다 지식과 경험이 많지만, 아프리카에 대해서는 EU 회원국이 일본보다 지식과 경험이 많다는 사실이다. 세계 경제가 새롭게 3극 구조화 되고 지역화가 진행되고 있는 지금, DAC도 그동안의 이상론에서 탈피하여 보다 현실적인 원조 정책을 택할 필요가 있을 것이다. DAC 주요국이 여론의 원조 기피 현상과 원조 자금 감소에 고민하고 있는 지금, 원조의 효율화를 도모하기 위해서도, EU는 아프리카, 미국 · 캐나다는 중남미, 일본은 아시아에 대한 원조에 중점을 두어야 할 것이다. 그러나 이러한 방향이 지역 제한적, 배타적인 성향을 띠어서는 안 될 것이다.

애당초 DAC는 1960년에 OECD 주요 원조국의 원조 정책 협조와 조정을 위한 위원회로서 설립된 것이며, 한정된 원조 자금 제공처의 지역적 중복을 피하기 위해서는 DAC가 주요 원조국에 대한 지역 배분을 주도해야 할 것이다.

동아시아는 급속한 경제 발전을 이루고 있기는 하지만 아직 미성숙한 상태라 할 수 있다. 동아시아는 아시아 통화 위기 당시 신新 미야자와 구상에 의한 약 300억 달러를 포함하여, 800억 달러가 넘는 일본의 원조를 필요로 하였다. 일본은 아시아에서 가장 발전한 선진국으로서, 에이즈나 사스SARS 등의 전염병 방지와 예방, 환경 악화 방지, 인재 양성 등 기술 협력 면에서 기대되는 분야가 많다. 환경 문제에 대해서는 제6장에서, 인재 양성에 대해서는 제3장에서 설명하였으므로, 여기에서는 의료 분야에 대한 일본의 기술 협력에 대해 언급하고자 한다.

WHO(세계보건기구)의 조사에 따르면, 현재 아시아의 에이즈 감염자 수는 약 740만 명으로 사하라 이남의 2,500만 명 다음으로 많으며, 2년 전에 비해 82만 명의 증가를 보이고 있다. 아시아에서 에이즈 감염자가 가장 많은 지역은 인도로 약 400만 명이며, 중국도 48만 명의 감염자가 존재한다. 앞으로 적당한 조치를 취하지 않는다면, 중국의 에이즈 감염자 수는 2010년에는 1,000만 명으로 증가할 위험성이 있다고 지적되고 있다. 이는 단지 중국만의 이야기가 아니라 일본에게도 큰 문제이다. 아시아에서 가장 발전된 생명 공학 개발 기술을 갖고 있는 국가로서 일본은 에이즈 백신을 특별 염가로 제공할 수 있도록 노력해야 할 것이다. 또한 2002-03년에 홍콩과 중국 등지에서 발생하여 전 세계를 공포에 떨게 했던 사스의 경우에도, 이에 신속히 대응할 의료 기술을 갖고 있는 나라는 동아시아에서는 일본뿐이다. 따라서 일본은 인도적 차원에서, 그리고 일본에서의 전염병 확산을 방지하기 위해서라도 적극적으로 의료 협력을 제공해야 할 것이다.

이와 같이 일본은 "동아시아 공동체"에 반드시 필요한 핵심 멤버이다. 일본은 동아시아 및 아시아에 대한 원조 정책을 수립함에 있어서 일본의 강점을 살려 적극적으로 임해야 할 것이다.

(3) 기대되는 기술 이전

현재, 동아시아가 일본에 대해 가장 기대하고 필요로 하고 있는 것은 일본의 기술 이전일 것이다. 동아시아의 급속한 발전은 선진국으로부터의 자본 및 기술의 도입에 힘입은 바가 크지만, 도입한 기술을 충분히 이용하기 위한 기술자 양성이 기여한 바 또한 크다.

그러나 동아시아의 기술 수준은 국제적으로 볼 때 아직도 저조한 상태이다. 미국의 특허 허가 건수 상으로 보아도 1위인 미국과 2위인 일본을 제외하고는 한국과 대만만이 다른 주요 선진국과 비슷한 수준을 나타내고 있을 뿐 아세안 국가들의 특허 건수는 상당히 적다. 즉, 동아시아는 필요한 기술을 미국과 일본에게 의존할 수밖에 없는 것이 현실인 것이다.

2002년 일본의 기술 무역을 지역별로 보면(총무성 통계국, 『과학기술연구조사보고』, 2004), 일본 총 기술 수출액의 47%는 미국에 대한 것이며, 그 다음이 동아시아로 24.0%를 차지하고 있다. 내역을 보면 중국이 6.2%, 대만이 4.7%, 태국이 4.7%, 한국이 2.7%, 인도네시아가 2.3%, 말레이시아가 2.1%, 싱가포르가 1.3% 순이다. 동아시아에 대한 기술 무역을 종목별로 보면, 자동차는 태국, 대만, 중국, 한국으로, 정보 통신 기기 기구는 중국, 대만, 말레이시아, 싱가포르, 한국으로 기술 이전이 이루어지고 있다. 그 외 동아시아 국가들은 생명 공학이나 의약품 등의 신과학 기술 분야에서도 일본의 기술 이전에 크게 의존하고 있다. 여기서 주목할 만한 사실은, 일본이 기술 수출을 하는 경우는 많지만 기술 수입을 하는 경우는 거의 없다는 것이다.

즉, 동아시아 경제는 계속 발전하고 있지만, 최대 약점은 기술의 자기 개발 능력에 한계가 있다는 점이다. 컬럼비아 대학의 폴 크루그먼 교수는 1994년 『포린 어페어 Foreign Affair』(4/6 월호)에 발표한 「아시아 기적의 신화」라는 논문에서 동아시아 경제의 급속한 성장은 거액의 투자와 풍부한 노동력에 의해 이루어졌지만 약한 총 요소 생산성 total factor productivity[14] 때문에 오래 지속되지 못할 것이라고 예언했다. 나는 이 예언이 반드시 맞다고는 생각지 않는다. 사실, 그 후 동아시아의 총 요소 생산성은 크게 증가되었기 때문이다. 그러나 크루그먼 교수가 지적하고 싶었던 것은 1970-80년대 동아시아 경제의 저조한 기술 수준이며, 이것이 동아시아 경제의 최대 약점이라는 사실일 것이다.

동아시아 경제를 더욱 발전시키기 위해서는 일본이 기술 이전을 할 필요가 있지만, 일본 내에서는 힘들게 개발한 기술을 아시아로 이전하는 것은 동아시아 경제의 발전을 촉진시켜 결국 일본 경제를 고통스럽게 할 것이라는 신중론도 많다. 그러나 이러한 보수주의는 결국 일본의 신기술 창출을 저해하여 일본 경제의 역동성을 상실케 할 수 있다. 분명히 기술은 따라가는 쪽이 유리하지만 세계화 하에서 새로운 기술이 갖는 생명력은 짧다고 할 수 있다. 일본은 동아시아 지역의 기술자에 대한 교육을 비롯하여 기술 이전에 적극적으로 나설 필요가 있으며, 나아가 이는 일본의 신기술 개발로도 이어질 것이다.

6. "동아시아 경제 공동체" 성립을 위해서

1. 일본은 보다 적극적이고 구체적인 공헌을

이상과 같이 4장, 5장에서 "동아시아 경제 공동체"가 성립되기 위한 경제적 가능성에 대해 분석해 보았다. 필자는 이러한 경제적 가능성이 충분히 정비되었다고 생각하며, "동아시아 경제 공동체"의 성립은 일본에게 있어서도, 아시아에게 있어서도 공존하며 함께 발전하기 위해 반드시 달성해야 할 공동의 목표라고 생각한다. 그리고 이 목표를 향해 아세안+3, 특히 중국과 일본이 협력한다면 동아시아 경제 공동체는 예상보다 빨리 실현될 것이다.

그러나 객관적으로 볼 때, 현재 "동아시아 경제 공동체"의 성립을 주도하고 있는 것은 아세안과 중국이라 할 수 있으며,

한국과 일본의 영향력은 결코 강하다고 할 수 없다. 일본도 2003년 12월에 일본-아세안 특별 정상 회담을 개최하는 등 나름대로 노력을 하고 있기는 하지만, 대외적으로는 미국에 대한 지나친 의식과 국내적으로는 농업 문제 때문에 현재 진전이 없는 상태이다. 일본이 주장하고 있는 "동아시아 커뮤니티"는 개념도 애매하고 막연한 상태로, 커뮤니티 구성국의 범위, 성격, 구체적 프로젝트 등이 명백하지 않다. 중국에게 대항하기 위한 임시방편의 슬로건으로서 이 구상을 내세운 데에는 정치적 사정이 얽혀 있다는 점을 감안한다 하더라도, 구상의 내용이 그동안의 아세안과의 경제 협력을 확대한 것에 불과하다는 것은 문제가 있으며, 이대로는 새로운 "동아시아 경제 공동체"의 기반을 마련할 수 없을 것이다. "동아시아 커뮤니티" 구상을 고안한 일본의 외무성부터가 '구상이 실현되려면 40-50년은 걸릴 것'이라고 생각하였다는 것은 그들이 구체적 정책을 마련한 후에 구상을 제안한 것이 아니라는 사실을 말해 준다. 그들은 "동아시아 커뮤니티"를 성립시킨다 할지라도, 아세안+3의 형태가 아니라, 호주, 뉴질랜드를 포함한, 또한 가능하다면 미국이 관여할 수 있는 최대한 느슨하고 완만한 지역 통합을 생각하고 있었을 것이다. 즉, "공동체"적인 지역 통합은 고려하지 않았을 것이라고 보인다.

그러나 2004년 7월 자카르타에서 개최된 아세안+3 외무 장관 회의에서는 중국의 제안에 의해 아세안+3 정상 회담을 "동아시아 정상 회담"으로서 정기적으로 개최하자는 논의가 있었으며, 이미 한국, 중국, 말레이시아가 "동아시아 정상 회담"을 주최하겠다는 의향을 내보인 상태이다. "동아시아 정상 회담"이 실현되면 일본의 계산과는 달리 그 자리에서 바로 동아시아의 지역 통합 형태가 정치적으로 결정될 가능성이 크다.

2004년의 외무장관 회의에서 일본은 "동아시아 커뮤니티"에 관한 논점을 정리하고, 앞으로의 논의를 위한 준비 작업으로서 이슈 페이퍼를 제출한 바 있다. 내부 자료이기 때문에 내용이 공표되지는 않았지만 (1) "동아시아 커뮤니티"의 기능 강화 방법, (2) "동아시아 커뮤니티"의 개념과 범위(호주와 뉴질랜드를 포함시킬지 여부, 미국과의 관계를 어떻게 할지 등), (3) "동아시아 커뮤니티"의 일체감을 높이기 위한 민주주의 등의 가치관 함양 등이 포함되어 있다고 전해진다. "동아시아 정상 회담" 개최를 둘러싸고 아세안, 한국, 중국이 주도권 싸움을 하고 있을 때 일본이 냉정하게 문제를 정리하고 논의의 토대를 제시한 것은 높이 평가할 만하지만, 동아시아의 지역 통합 흐름은 일본이 의도한 대로 진전되지 않을 수도 있다. 애당초 일본은 중국이 "동아시아 정상 회담"을 제창하리라고는 예상하지 못했던 것 같다. 더구나 일본이 일본–아세안 특별 정상 회담에서 "동아시아 커뮤니티"를 제창함에 따라 중국도 "동아시아 정상 회담"을 제안하게 되었으며, 이 정상 회담을 둘러싸고 아세안과 중국 간에 주도권 싸움이 일어날 것이라고는 상상도 하지 못했을 것이다. 어쨌든 이는 외교의 역동성이 가져온 결과라고 할 수 있지만, 2003년 12월 동경에서 일본과 아세안만의 특별 정상 회담을 개최한 일본으로서는 이제 와서 "동아시아 정상 회담"을 동경에서 개최하자고 말할 수는 없게 된 것이다.

일본의 "동아시아 커뮤니티"에 관한 보고서가 중국이 제창한 "동아시아 정상 회담"의 향후 모습에 어떤 영향을 미칠지는 확실하지 않지만, 일본이 생각하고 있는 "동아시아 커뮤니티"의 개념 및 범위가 아세안, 한국, 중국이 생각하고 있는 것과 큰 차이가 있다는 사실은 점차 명백해질 것이다. 그 이유는 첫 번째, 아세안과 중국은 동아시아 지역 통합이 40-50년 후에나 실현될 것이라고는 생각하지 않는다. 두 번째, 아세안과 중국은 지역 통합 범위를 우선 아세안+3 형태로 추진할 것을 전제로 하고 있으며, 처음부터 호주와 뉴질랜드를 포함시킨다거나 미국의 관여까지 신경 쓰는 것은 동아시아 지역 통합의 본래 취지에 비추어 보더라도 생각할 수 없는 일이기 때문이다. 특히 두 번째 이유와 관련하여, 일본-아세안 특별 정상 회담의 "동경선언"에는 동아시아 지역 통합에 있어서 아세안+3이 중요한 경로가 될 것이라는 내용이 명백히 제시되어 있다. 일본이 의도하는 "동아시아 커뮤니티"가 아세안+3+2(호주, 뉴질랜드)+1(미국)이라는 확대된 형태라면, 이미 APEC이 존재하는 현 상황에서는 부질없는 짓을 거듭하는 결과가 된다. 그럼에도 불구하고 일본이 동아시아 지역 통합의 범위 확대에 집착하는 이유는 미국에 대한 배려와 중국에 대한 정책 때문이라고 생각된다.

일본이 아무리 아세안+3 형태를 확대하려 하여도 일본의 힘만으로는 이를 실현시킬 수 없을 것이다. 지금 일본이 해야 할 일은 동아시아의 지역 통합을 아세안+3이라는 기본 원칙에 입각하여 실현하고, "동아시아 커뮤니티"를 보다 구체적이고 실현 가능한 "동아시아 경제 공동체"로서 발족시키기 위해 구체적인 정책을 제시하는 일일 것이다. 세계화 하에서 지역 통합체의 상호 교류가 심화되고 있는 현재로서는 "동아시아 경제 공동체"를 성립시키는 과정에서 일본이 미국이나 기타 국가들을 각별히 배려할 필요는 없다. 미국도 2002년 10월에 이미 아세안과의 경제 연계 구상을 발표한 바가 있으며, 2003년 5월에는 싱가포르와 FTA를 체결하였다. 일본으로서는 오히려 중국보다 앞서 적극적으로 "동아시아 경제 공동체" 성립을 위해 노력할 필요가 있으며, 일본에게는 그만큼의 국력과 외교력이 있다고 생각된다. 일본의 주도에 의해 "동아시아 경제 공동체"가 성립된다면, 장기적으로는 미국에게도 더욱 바람직한 형태의 "동아시아 공동체"가 구축될 것이라고 생각된다.

그렇다면 이러한 비전과 전망을 갖고 일본은 "동아시아 경제 공동체" 성립을 위해 어떤 노력을 해야 할까? 필자는 이에 대해 다음과 같은 제안을 하고자 한다.

2. 환경 분야에서의 지역 협력

(1) 심각해지고 있는 아시아의 환경 문제

환경 문제가 21세기 아시아 경제의 지속적 발전에 있어 최대 저해 요인이 될 것이라는 점은 다시 말할 필요가 없을 것이다.

	1990년 (100만 톤)	2001년 (100만 톤)	증가율 (%)	2001년 1인당 배출량(톤)
세계	20,661.7	23,683.8	14.6	3.9
OECD	11,011.7	12,511.0	13.6	11.1
非非 OECD	8,999.7	10,391.9	15.5	2.1
아프리카	540.7	720.2	33.2	0.9
중동	585.2	1,044.6	78.5	6.1
구소련 연방	3,344.8	2,239.8	-33.0	7.7
라틴아메리카	599.0	841.8	40.5	2.0
아시아(일본 · 중국 · 한국 제외)	1,254.1	2,179.3	73.8	1.1
주요국:				
미국	4,825.7	5,673.3	17.6	19.8
중국	2,289.5	3,112.6	36.0	2.4
일본	1,018.7	1,132.3	11.2	8.9
인도	591.4	1,013.5	71.4	4.0
인도네시아	134.6	283.5	110.6	1.4
한국	226.2	435.8	92.7	9.2
러시아	2,023.5	1,519.5	-24.9	1.05
브라질	193.2	311.9	61.5	1.8

표 6-1 세계의 지역별 CO_2 배출량과 증가율

출처: IEA, CO_2 Emissions from Fuel Combustion 1971-2001(2003 Edition)

급속한 공업화와 인구 증가에 의한 대기 오염, 수질 오염과 물 부족, 산림 파괴, 사막화 등 환경 악화는 날로 심각해지고 있다.

OECD 산하 IEA(국제에너지기구)의 CO_2(이산화탄소) 배출량 통계(2003년 판)를 통해 1990년부터 2001년까지 CO_2 배출량 증감분을 비교하면, 표 6-1에서 볼 수 있는 것처럼 구소련 연방을 제외한 전 지역에서 CO_2 배출량이 증가하고 있으며, 그중

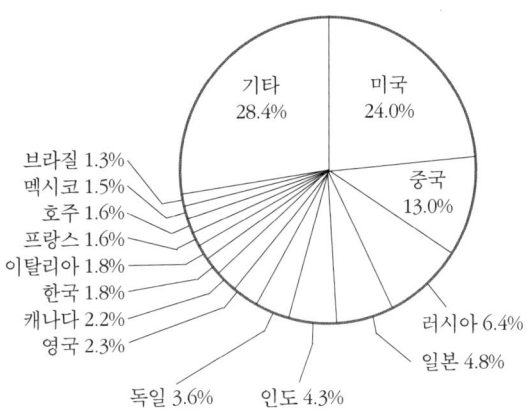

그림 6-1 CO_2 배출량 상위 15개국의 배출 비율

출처 : IEA, CO_2 Emissions from Fuel Combustion 1971-2001(2003 Edition)

에서도 중동이 78.5%, 아시아가 73.8%로 뚜렷한 증가세를 기록하고 있다. 구소련 연방의 CO_2 배출량 감소 현상은 1990년대 러시아를 포함한 구소련 연방 국가들의 경제 혼란으로 인한 경제 침체와 석유 산업의 쇠퇴를 반영한 것이다. 그런데 최근 석유 가격 폭등으로 인해 경제가 회복되면서 석유 산업이 부활하고 공업화가 진전되고 있어, CO_2 배출량 증가에 의한 환경 악화가 우려되고 있다.

중동의 CO_2 배출량이 증가하고 있는 이유는 걸프전 이후 이란, 쿠웨이트, 사우디아라비아 등지에서 중화학 공업화, 인구 증가, 자동차를 포함한 도로 교통량의 증가 등에 의해 급격한 대기 오염이 발생하고 있기 때문인 것으로 보인다. 아시아의 경우에는 IEA 통계가 동아시아의 3대 경제 대국인 한국, 중국, 일

본을 포함하고 있지 않기 때문에 절대량으로 본다면 구소련 연
방보다 적지만, 증가율은 73.8%에 달하고 있다. 이들 3개국까
지 포함하면 아시아는 절대량에서 미국을 웃도는 세계 최대
CO_2 배출 지역이라 할 수 있다.

또한 그림 6-1에서 볼 수 있는 것처럼, 2001년 세계 CO_2 배
출량 상위 15개국이 세계 CO_2 총 배출량(약 237억 톤)에서 차
지하는 비율은 미국이 1위로 전체의 24.0%를 차지하고 있으며,
다음으로 중국이 13.0%, 러시아가 6.4%, 일본이 4.8%, 인도가
4.3%, 한국은 9위로 1.8%를 차지하고 있다. 상위 15개국 중 아
시아 상위 4개국의 합계는 24%로 미국과 비슷한 수치인데, 이
로부터 환경 문제에서 아시아의 책임은 막중하다고 할 수 있다.
미국은 현재 세계 최대 CO_2 배출 국가이며, 미국의 환경 문제
또한 상당히 심각하다. 그러나 CO_2 배출량 증가율을 보면 표 6-
1에서 볼 수 있는 것처럼 17.6%로 아시아의 증가율 73.8%를 훨
씬 밑돌고 있다. 또한 미국이 일본과 마찬가지로 대기 오염을
경감시킬 수 있는 기술을 보유하고 있다는 점을 고려한다면, 앞
으로 아시아가 떠안을 환경 문제는 훨씬 더 심각하다고 할 수
있다.

특히 아시아에서도 급성장을 이루고 있는 인구 대국인 중
국과 인도의 환경 문제는 심각한 상황이다. OECD의 『2020년의
세계』에 따르면, 중국 한 나라만 보더라도 1990년에서 2020년
까지 CO_2 배출량 증가율은 OECD 가입국 전체의 증가율보다
커지며, 인도의 증가율은 미국의 증가율과 거의 같은 수준에 달
할 것이라고 예측하고 있다. 만약 이 예측이 맞다면, 21세기 세

계 환경 파괴에 가장 큰 책임을 져야 하는 것은 OECD 선진국이 아니라 아시아에서 약진하고 있는 중국과 인도일 것이다. 이러한 사태를 피하기 위해서라도, 과거 고도성장 과정에서 심각한 환경 문제를 일으켰다는 사실을 반성하고, 현재 환경 선진국으로서의 지위를 확립하고 있는 일본이 해야 할 역할은 크다.

중국과 인도는 2002년 요하네스버그에서 개최된 지구 환경 서미트에서 교토 의정서[15]에 가입하였다. 미국이 교토 의정서에서 탈퇴했음에도 불구하고, 중국과 인도가 이에 가입한 사실은 양국이 환경 문제에서 책임이 크다는 사실을 자각하고 있다는 뜻이며, 이는 바람직한 현상이라고 할 수 있다. 그러나 중국과 인도 양국은 교토 의정서에 가입하기는 했지만, CO_2 배출 삭감의 의무가 있는 유엔의 '기후 변화 협약 부속서 1'[16]에는 가입하지 않은 상태로, 이에 가입한 선진국들과 같은 CO_2 배출 삭감의 의무는 지지 않고 있다. 따라서 앞으로 중국과 인도는 부속서 1에 가입해야 할 것이다.

일본으로서는 중국과 인도를 비롯하여 심각한 환경 문제를 떠안고 있는 아시아 국가들이 선진국보다 느린 속도로나마 CO_2 배출 삭감을 할 수 있도록, 환경 분야에서 기술 협력을 추진해야 할 것이다. 교토 의정서에는 "청정 개발 체제(Clean Development Mechanism: CDM)"의 방법과 절차가 규정되어 있다(12조 7항). 이는 예를 들어 일본이 중국에서 일본의 자금과 기술 이전을 통해 CO_2 배출 삭감을 위한 공동 프로젝트를 실시하여 중국 내의 CO_2 배출량을 1,000톤 삭감할 수 있게 된다면, 일본은 조건 제시와 협상을 통해 그 반에 해당하는 500톤을 배출할 권리를 얻게 된다는 것이다. 일본은 교토 의정서에 규정되어 있는 CO_2 배출량에 이 양을 추가시킬 수 있으며, 중국은 일본으로부터 무상으로 기술 이전을 받아 CO_2 배출을 삭감할 수 있는 이득을 얻게 된다. 일본이 환경 문제 때문에 고민하는 아시아 국가들에 대해 "청정 개발 체제"를 효율적으로 적용한다면, 아시아 국가들은 일본으로부터 CO_2 배출 삭감을 위한 기술을 제공받을 수 있으며, 일본도 이들 국가들로부터 CO_2 배출권을 제공받아 교토 의정서에 의무화되어 있는 CO_2 배출 삭감 수치 목표 달성[17]에 활용할 수 있을 것이다. 따라서 이는 일본에게도 아시아 국가들에게도 모두 이득이 되는 방법이라 할 수 있다.

(2) 중국의 경제 성장과 환경 문제

이웃 나라일 뿐 아니라 "동아시아 경제 공동체" 성립에 있어 중요한 파트너가 될 중국의 경제 성장과 환경 문제는 일본에게는 더 이상 남의 일이 아니다. 4장에서 이미 언급했지만, OECD의 『2020년의 세계』가 예측한 대로 중국은 2020년까지 꾸준히 고도성장을 이루어 경제 규모에서는 세계 최고의 경제 대국으로 발전할 가능성을 갖고 있다. 그러나 OECD가 경고하고 있는 바와 같이 중국의 환경 문제와 이로 인해 예상되는 미래 문제는 심각한 상황이다. 따라서 이는 이제 중국만의 문제가 아닌 국경을 넘어 지구 규모의 문제로 발전하고 있다고 해도 과언이 아닐 것이다.

앞에서 제시한 표 6-1에서 볼 수 있는 것처럼 2001년 중국 (홍콩 포함)의 CO_2 배출량은 약 31억 톤으로 미국의 약 57억 톤에 이어 세계 2위를 차지하고 있으며, 전 세계 CO_2 배출량의 13%를 차지하고 있다. 중국의 CO_2 배출량은 1996년에 약 31.8억 톤으로 최고조에 달한 후 감소세로 돌아섰지만, 현재 다시 상승세를 보이고 있다. 1990년부터 2001년까지 중국의 CO_2 배출량 증가율을 보면 36.0%로, 같은 시기의 미국의 증가율 17.6%와 일본의 증가율 11.2%를 훨씬 웃돌고 있다. 이대로 계속 증가한다면 머지않아 중국의 CO_2 배출량은 미국을 제치고 세계 1위 자리를 차지하게 될 것이다.

또한 CO_2와 마찬가지로 환경오염의 원인이 되고 있는 SO_2 (이산화황)의 배출량[18]도 중국이 세계 1위를 차지하고 있는데, 1995년의 약 2,370만 톤에서 2000년에는 약 1,995만 톤으로 감소했지만, 2위인 미국의 1,712만 톤보다 훨씬 높은 수준이다. 2000년 충칭重慶 시의 SO_2 배출량은 약 85만 톤으로, 1999년 일본의 SO_2 총 배출량인 약 87만 톤에 거의 필적한다. SO_2는 산성비의 최대 원인이며, 중국의 SO_2 배출량이 일본 배출량의 약 23배나 된다는 사실은 상당히 놀랍다고 할 수 있다. 나는 중국이 환경오염의 원흉이라 할 수 있는 CO_2와 SO_2 배출량에서 세계 1위라는 오명을 쓰지 않길 바란다.

중국의 대기 및 수질 오염이 중국 국민과 경제에 미치고 있는 피해는 이미 막대하다. 세계은행의 「중국 2020」[19]에 따르면, 만약 중국 내에서 중국 정부가 정한 '대기 오염 방지법'이 준수된다면 ① 연간 약 29만 명의 중국인의 생명을 구할 수 있을 것이며, ② 중국의 대기 및 수질 오염 때문에 발생되는, 연간 GDP(국내 총생산)의 3-8%에 달하는 막대한 중국 경제에의 피해를 막을 수 있다고 지적하고 있다. 또한 세계은행의 보고에 따르면, 중국의 환경 악화의 원인으로서, 첫 번째로 중국이 에너지원의 약 80%를 석탄에 의존하고 있다는 점, 두 번째로 대도시로 인구가 집중되고 있다는 점을 들고 있다. 1978년부터 1995년까지 17년간 중국의 대도시 인구는 1억 8,000만 명이나 증가하였고, 5,000만 명이나 되는 무등록 지방 이주자가 대도시로 흘러들어왔다고 한다.

필자는 젊은 학생들과 함께 중국의 "서부 대개발 계획"이라는 환경 프로젝트를 견학한 적이 있었다. 중국 내에서도 가장 저개발 지역인 구이저우貴州 성 각지를 방문했을 때였다. 시멘트 제조를 위해 석회석을 파낸 산의 윗부분은 무참히 잘려 나간 상태였으며, 또한 이 지역은 석탄 산지이기도 했기 때문에 석탄을 태우는 시멘트 공장과 제철소 공장 굴뚝에서 황갈색 연기가 뿜어져 나오는 것을 볼 수 있었다. 필자는 중국 내 가난한 지역이 직면한 경제 발전과 환경의 불균형을 실감하자 복잡한 생각이 들었다.

대도시의 인구 집중은 중국뿐만 아니라 인도를 비롯한 기타 아시아 국가들에게도 해당되는 문제이며, 급속한 경제 성장이 초래한 부작용이라 할 수 있다. 최근 OECD의 연구에 따르면, 2015년까지 전 세계에 36개 이상의 메가시티(인구 800만 명 이상의 도시)가 생길 것이라고 예측되고 있으며, 그중 3분의 2는 아시아, 특히 중국과 인도에 집중되어 있다. 인구의 대도시

집중화가 인구 대국의 환경 문제와 지속적 발전에 있어서 심각한 문제가 될 것이라는 사실은 OECD의 지적이 아니더라도 충분히 알 수 있다.

　세계 경제를 움직이는 거대한 세계화 흐름 속에서는 선진국, 개발도상국에 상관없이 세계 모든 나라가 경제 성장 지상주의에 빠지기 쉬우며, 환경 문제에 대해서는 2차적 가치를 두는 경향이 있다. OECD에도 환경 문제에 대해서는 "경제 성장이 환경 문제를 해결할 것이다"라는 "성장 우선"의 주장이 만연해 있었다. 나는 지극히 OECD적인 이러한 주장을 이론적으로는 이해할 수 있지만, 실제로 경제 정책·환경 정책에 반영하거나 실시해서는 안 된다고 강경히 반대해 왔다. 현실적으로 볼 때, 경제 성장과 환경이 균형을 이룬 정책이 필요하다. 인류는 한번 파괴된 자연 환경은 원상태로 되돌릴 수 없다는 사실을 확실히 인식하고, 앞날의 풍요를 위해서라도 자연 환경의 파괴를 최소화하기 위해 노력해야 할 것이다.

　현재 세계 최대 인구를 보유하고 있으며 많은 빈곤층을 떠안고 있는 중국의 경우, 고도성장을 유지해야 하는 정치적, 경제적 사정은 이해가 가지만, 성장률이 높아질수록 기술 혁신을 통해 환경 개선에 힘쓰지 않는다면 환경에 대한 부담은 점점 커질 것이다. 고도성장은 영원히 계속되는 것이 아니라 경제가 성숙 단계에 돌입함과 동시에 저하되기 때문이다. 일본 경제와 같이 급속한 성장을 이룬 경제일수록 성장률 저하 또한 빠르다. 너무 성급한 고도성장보다는 안정적이고 지속적인 발전을 지향하는 편이 장기적으로 볼 때 현명할 것이다. 환경 문제를 고려하면서 지속적인 발전을 지향하고자 한다면, 새로운 발전 형태를 위한 패러다임이 검토되어야 할 것이다. 인간성을 무시한 경제 성장 지상주의보다는 "인간의 안전 보장"이 중시되어야 한다.

(3) "서부 대개발 계획"과 중일 협력

중국 정부는 1999년에 "서부 대개발 계획"을 내놓았다. 이 계획은 개발과 환경에 관한 21세기 최대의 프로젝트라고 해도 과언이 아니며, 중국은 물론이거니와 국제 협력, 특히 중일 간 협력을 통해 반드시 성공시켜야 하는 계획이다. 이 계획을 성공시키는 일은 중국뿐 아니라 세계화 시대에 있어서 지구 규모의 환경 문제 개선, 나아가서는 세계 경제의 지속적 발전을 이루는 데 있어서도 상당히 중요하다고 할 수 있다.

따라서 "서부 대개발 계획"의 성공을 위해 중일 양국이 앞으로 어떻게 협력해야 하는가에 대해 몇 가지 제안을 하고자 한다.

중일 협력의 방법 — 신뢰 구축

현재 중일 관계는 경제·무역 분야에서 상호 의존 관계가 심화되고 있음에도 불구하고, 정치적으로는 역사 인식의 차이, 야스쿠니 신사 문제 등이 얽혀 있어 관계가 양호하다고는 할 수 없다. 중일 관계와 같은 역사적 배경이 없는 미국과 EU의 중국에 대한 대응은 보다 자유롭고 합리적이다. 예를 들어, 중국의

WTO 가입 협상에서도, 미국과 EU는 중국을 커다란 투자 시장, 무역 시장으로 파악하고 상당히 합리주의적인 태도를 취하였다. 미국이 중국에게 ODA를 전혀 제공하지 않고 있다는 점도, 일본이 중국에게 1979년부터 2003년까지 총 약 3조 3,000억 엔이라는 거액의 ODA를 제공해 온 사실과는 대조적이다.

일본에게 있어서도 중국이 중요한 경제 시장이라는 사실은 틀림 없다. 그러나 일본은 구미 국가들과 같이 중국을 경제 시장으로만 볼 것이 아니라, 역사적 · 문화적으로 수천 년간 관계를 맺어 온 이웃 나라로 봐야 할 것이다. 그리고 중국과 신뢰 관계를 구축하기 위해 환경 문제, 빈곤 문제, 인재 양성 등 폭 넓은 분야에서 협력 관계를 수립해야 할 것이다. "서부 대개발 계획"은 중일 상호 간에 신뢰 관계를 구축하는 데 있어 일본이 진지하게 협력하기에 가장 적합한 프로젝트이다. 최근 일본 국내에서는 대 중국 경제 협력에 대해 '그동안 일본의 대 중국 경제 협력은 중국에서 그다지 호평을 받지 못하였으며, 실체가 보이지 않는 지원이었다'라는 엄중한 비판이 있었다. 그러나 최근 일본의 대 중국 원조가 대폭 삭감되었음에도 불구하고, 중국 연안부와 내륙부의 격차 시정, 빈곤 문제에 대한 대응, 환경 문제에 대한 대응 등 "서부 대개발 계획"의 주요 과제에 중점을 두고 있는 점은 높이 평가할 만하다.[20]

경제 인프라의 정비 · 개발

"서부 대개발 계획"의 성공을 위해서는 철도, 도로 등의 경제 인프라 정비 및 개발, 물 부족 문제 해결, 대규모 관개灌漑, 퇴경환림退耕還林[21] 등 중국 정부가 광역적으로 착수해야 할 과제들이 많다. 이를 위해서는 많은 자금이 필요하며, 중국 정부의 예산과 더불어 일본 등 서방 주요국의 ODA 및 민간 자본 도입이 필요하다. 그러나 민간 자본은 경제적 이익에 대한 전망이 없으면 투자를 할 수 없으므로 중국 정부는 자본 환경 개선에 힘써야 할 것이다. 서부 지역 중에서도 구이저우 성과 같이 개발이 지연된 지역은 경제 인프라가 발달되어 있지 않아 민간 자본 도입이 어렵다. 이와 같은 지역에서는 소규모라도 우선 중국 정부 또는 ODA에 의한 경제 인프라 개발을 통해 간접적으로 외국 자본을 도입하고 지역 산업 육성을 도모해야 할 것이다.

중국의 환경 개혁에 대한 자구 노력 지원 ─ 기술 이전과 인재 양성

1990년대 중반부터 OECD는 내부의 환경 문제 전문가를 중국으로 파견하여 중국 환경 문제 전문가 육성에 힘쓰는 등 중국 환경 문제 개선을 위해 노력하였다. 그 일환으로서, 환경에 관한 OECD의 대표적 문서 7권을 중국어로 번역하여 중국 정부에 기증하였다. 나는 1995년에 중국의 리펑李鵬 수상을 방문하여 OECD의 기본 환경 정책인 오염자 부담 원칙(Polluters Pays Principle: PPP)에 대해 설명했다. 그런데 리 수상은 'OECD는 정책만 소개할 뿐, 세계은행과 같은 자금 지원은 하지 않는다'며 불만을 토로하였다. 그러나 이듬해에 다시 북경을 방문하여 중국 측 환경 관계자와 회담했을 때에는 놀라지 않을 수 없었다. 그들은 OECD의 기증 문서를 잘 숙지하고 있었을 뿐만 아니라, 리 수상의 서명이 들어간 환경 홍보 문서에는 중국 정부

의 환경 정책으로서 PPP가 포함되어 있었던 것이다. 중국 정부는 실제로 환경을 오염시킨 수천 개에 달하는 제지 공장과 많은 제철 공장을 폐쇄했다. 또한 2000년 4월에는 "대기 오염 방지법"을 수정 가결하여 같은 해 9월부터 규제를 강화하고 있었으며, 오염 방지 기술의 도입이나 청정 에너지 개발에 힘쓰는 등 SO_2 배출 규제의 강화, 휘발유 무연화를 추진하고 있었다.

중국 정부는 중국 대기 오염의 최대 원인인 석탄에 대한 의존도를 낮추고, 석유, 천연가스, 원자력 등 기타 에너지원으로 대체하기 위해 노력하고 있다. 그러나 IEA의 통계에 따르면, 중국의 2003년 석탄 의존도는 79%로 여전히 높은 상태이며, 중국의 석탄에 의한 CO_2 배출량은 전 세계 배출량의 약 3분의 1을 차지하고 있어 일본 배출량의 약 70배에 해당한다. 이와 같이 석탄이 환경오염의 최대 원인이라는 사실은 중국도 잘 알고 있기는 하지만, 중국의 현재 기술력과 자금력으로는 대체 에너지를 개발하거나 탈황 장치를 설치하는 것은 어렵다.

일본은 공해 방지를 위해 여러 기술을 개발해 왔으며, 그중에서도 탈황 기술은 일본이 대기 오염 문제를 해결해 온 일련의 과정과 결과에서 볼 수 있듯이 세계적 수준이라 할 수 있다. 이러한 기술들은 거액의 자본과 장기간에 걸친 연구에 의해 개발된 것으로 비용이 많이 들기 때문에, 보통 선진국들은 홍보 수준에만 머무를 뿐 개발도상국에 대한 기술 이전은 실시하지 않는다. 그러나 일본에게 있어 이웃 나라인 중국의 환경 악화는 그대로 일본의 환경 악화로 이어질 수 있다. 사실, 일본의 도호쿠東北 지역이나 홋카이도北海道까지 날아오는 중국의 황사는

SO_2를 포함하고 있다고 한다. 일본과 중국은 가까이 위치하고 있기 때문에 환경 문제에서도 밀접한 관계에 있다는 사실을 잊어서는 안 된다. 일본이 "서부 대개발 계획"에 대한 중일 협력의 일환으로서 일본의 환경 기술을 "청정 개발 체제" 또는 ODA에 의한 기술 협력 형태로 중국으로 이전하는 일은 단순히 중국의 환경 문제 해결을 위한 협력만이 아니라 자기 방위의 의미에서도 일본의 국익으로 이어질 것이다.

환경 문제에서 일본은 그동안 중국에게 정부 차원, 민간 차원, 학술 차원, NGO 차원 등 실로 많은 분야에서 협력해 왔다. 북경에 설립되어 있는 '중일 우호 환경 센터'를 비롯하여 중국 각지에서 많은 일본인들이 중국의 환경 문제 개선을 위한 활동을 계속해 나가고 있다. 그러나 이에 비해 중국에서는 일본의 환경 협력에 대한 인식이 희박하여, 중국의 일부 환경 관계자나 전문가 이외에는 환경 문제에 대해 무지한 상태이다. 이는 인맥이 없으면 일이 순조롭게 진행되지 않는 중국 정부 내의 관료주의나 언론의 책임도 크지만, 기본적으로는 중일 양국 정부 간에 진정한 신뢰 관계가 없기 때문이라고 볼 수 있다. 오히려 일본의 공적을 칭송함으로써 여론의 반감을 사고 싶지 않다는 것이 중국 정부 관계자의 본심일 것이다.

일본은 중국에 대한 환경 협력을 보다 효과적으로 제공하기 위해서라도 이전과 같이 넓은 지역에 분산된 단편적인 프로젝트가 아닌 종합적인 국가 전략으로서의 환경 협력 정책을 내세워야 할 것이다.

(4) 한국 · 중국 · 일본 · 대만에 의한 지역 환경 협력

중국의 환경 악화는 일본만이 아니라 한국, 대만 등의 이웃 나라에게도 심각한 영향을 끼친다. 동아시아의 지역 통합은 주로 무역, 투자 등의 경제 관계를 중심으로 추진되고 있지만, 정치적으로 "공동체 의식"이 생기기 어려운 이 지역에서는 환경 문제가 연대감을 키우기 가장 쉬운 프로젝트라 할 수 있다. 현재, 중국과 대만의 관계를 생각한다면, 대만을 "동아시아 경제 공동체"로 끌어들이는 것은 정치적으로 문제가 있지만, 환경 문제로 따져 본다면 대만도 한국, 일본과 마찬가지로 영향을 받는 입장에 있기 때문에, 대만의 참가에 대해서도 검토를 해야 할 것이다. "동아시아 경제 공동체" 창설을 위한 첫 번째 단계로서 일본은 한국 · 중국 · 일본 · 대만 간에 지역적 환경 협력 체제를 구축할 수 있도록 적극적으로 노력해야 할 것이다.

3. 에너지 분야에서의 지역 협력

(1) 증가하는 아시아의 에너지 수요

아시아의 에너지 수요는 급속한 경제 발전을 지탱하기 위해 대폭 증가하고 있다. 2002년 IEA(International Energy Agency: 국제에너지기구)의 「세계 에너지 전망World Energy Outlook」에 따르면, 2000년부터 2030년까지 30년간 석유 수요가 가장 급속히 증대하는 지역은 아시아 지역이며, 특히, 중국, 인도, 인도네시아 등의 석유 수요 증대를 주목해야 할 것이다. 2030년의 석유 수요량(1일)은 북미(미국, 캐나다)가 2,730만 배럴, EU(15개국)가 1,390만 배럴로 30년간 연평균 신장률은 각각 1.0%, 0.4%로 추정된다. 이에 비해 중국은 1,200만 배럴, 인도는 560만 배럴, 인도네시아는 240만 배럴로 추정되고 있어, 수요량에서는 선진국에 미치지 못하지만 연평균 신장률은 각각 3.0%, 3.3%, 2.7%로 선진국을 훨씬 웃돌고 있다. 특히 중국의 수요량은 2030년에는 미국, 캐나다의 50% 수준에 미치지 못하지만, EU의 수준을 급속히 따라갈 것으로 예측되고 있다. 또한 2004년 IEA의 『석유시장월보』 2월호에 따르면, 중국의 석유 수요(추계치)는 2003년에 처음으로 일본을 넘어서, 미국에 이어 세계 2위의 자리를 차지했다. 중국의 2003년 석유 수요량은 전년 대비 10.9% 증가한 1일 549만 배럴이었지만, 일본은 전년 대비 2.2% 증가한 1일 547만 배럴에 그쳤다.

한편, 세계의 석유 공급량(1일)을 보면, OECD 전체의 공급량은 2000년의 2,120만 배럴에서 2030년에는 1,280만 배럴로 감소할 것으로 보인다(연평균 감소율 1.7%). 또한 아시아 최대 산유국인 중국의 공급량도 2000년의 320만 배럴에서 2030년에는 210만 배럴로 감소할 것으로 보인다(연평균 감소율 1.4%). 인도는 석유 자원이 적은 국가이지만, 2000년의 70만 배럴에서 2030년에는 30만 배럴로 감소하고(연평균 감소율 2.5%) 기타 아시아 산유국(인도네시아 제외)도 2000년의 160만 배럴에서

2030년에는 70만 배럴로 감소할 것으로 보인다(연평균 감소율 2.8%).

　이와 같이 세계 석유 공급량이 감소하고 있는 가운데, 공급을 늘릴 수 있는 국가는 주로 OPEC(석유수출국기구) 소속의 중동 국가들이며, 공급량(1일)은 2000년의 2,100만 배럴에서 2030년에는 5,140만 배럴로 증가할 것으로 예상되고 있다(연평균 증가율 3.0%). 아시아의 OPEC 회원국인 인도네시아는 2000년의 140만 배럴에서 2030년에는 170만 배럴로 약간 증가할 것으로 예상되고 있다(연평균 증가율 0.6%). 또한 러시아는 2000년의 650만 배럴에서 2030년에는 950만 배럴(연평균 증가율 1.3%)로, NIS(신생독립국가연합: 구소련 연방 구성국)는 2000년의 160만 배럴에서 2030년에는 540만 배럴(연평균 증가율 4.1%)로 증가할 것으로 보인다.

　이러한 내용들을 종합해 보면 2000년에서 2030년으로 갈수록 급성장하는 아시아, 특히 중국, 인도, 인도네시아를 중심으로 석유 수요량이 급증하는데 비해, 공급량은 증가세가 둔화될 것으로 보인다. 러시아, NIS, 북해 유전 외에 새롭게 석유가 개발되지 않는다면, 세계는 한정된 OPEC의 중동 시장에 의존할 수밖에 없게 되어, 석유 수급 균형이 크게 무너질 위험이 있다.

(2) 아시아의 석유 수입 의존 급증

아시아의 석유 수요 증대와 공급 감소를 반영하듯 아시아의 석

	1994년	2000년	2030년
중국	3	34	82
인도	54	65	94
인도네시아	—	—	16

표 6-2 중국, 인도, 인도네시아의 석유 소비에서 차지하는 석유 순수입(%)
출처 : IEA, World Energy Outlook, 2002.

유 수입은 급증하고 있다. 석유 자원이 없는 일본의 석유 수입 의존도는 2001년에 99.7%를 차지하였다. 마찬가지로 석유 자원이 적은 인도의 석유 수입 의존도는 이해할 수 있다 하더라도, 표 6-2에서 볼 수 있는 것처럼 아시아 최대 산유국인 중국이 1993년부터 석유 수입국으로 전환되어 2000년에는 석유 수요의 34%, 2030년에는 82%를 수입에 의존하게 될 것이라는 사실은 실로 놀랄 만한 일이다.

2002년 IEA의 「세계 에너지 전망」에 따르면, 중국은 2001년에는 170만 배럴(1일), 2010년에는 420만 배럴, 2030년에는 980만 배럴을 수입하는 석유 수입 대국이 될 것으로 예측되고 있다. 2030년 중국의 예측 수입량은 같은 해 세계 석유 수요량의 8%를 넘을 것으로 보이며, 또한 2000년도 미국의 석유 수입량에 거의 필적할 것으로 보인다.

또한 최근 고도 성장기에 들어선 인도의 석유 수입 의존도는 1994년의 54%에서 2000년에는 65%로, 2030년에는 일본과 비슷한 수준인 94%로 급격히 증가할 것으로 예상된다. 현재

OPEC 회원국인 인도네시아도 2010년경부터는 석유 순수입국으로 전환되어, 2030년에는 석유 소비량의 16%를 수입에 의존할 것이라는 전망이 나와 있다. 그러나 2004년 6월 7일자『일본경제신문』은 인도네시아가 2004년 3월과 4월에 이미 원유 순수입국으로 전환되었다고 보도했다.[22] 이러한 상황이 일시적인 것인지는 현시점에서 판단할 수 없지만, 어쨌든 IEA의 전망은 너무 낙관적인 것이 아닌가 하는 생각이 든다.[23]

(3) 에너지 문제가 가져올 위기

세계적으로 에너지 수요가 계속 늘어나고 있는 가운데 아시아, 특히 한국, 중국, 일본, 인도네시아를 비롯한 동아시아는 세계 최대 석유 순수입 지역이 될 것으로 보이며, 석유 수입 의존도는 현재의 3분의 2 정도에서 90% 가까이까지 상승할 것으로 예상된다. 그리고 이들 동아시아 주요국에 인도까지 더한다면, 한정된 석유 자원을 놓고 경쟁하는 결과를 초래할 수도 있을 것이다.

OECD의 『2020년의 세계』에 따르면, 세계 경제가 고성장 시나리오에 따라 발전할 경우, 1995년부터 2020년까지 세계 화석 연료의 순 무역액은 그림 6-2와 같다고 한다. 이 그림에 따르면, 일본을 비롯한 아시아의 ASE(대만, 말레이시아, 필리핀, 싱가포르, 태국), 중국, 인도네시아, 인도는 EUR(EU 15개국 및 EFTA=노르웨이, 스위스, 아일랜드), 미국과 함께 MNA(중동 및 북아프리카 국가들)와 NIS(신생독립국가연합: 구소련 연방 구성

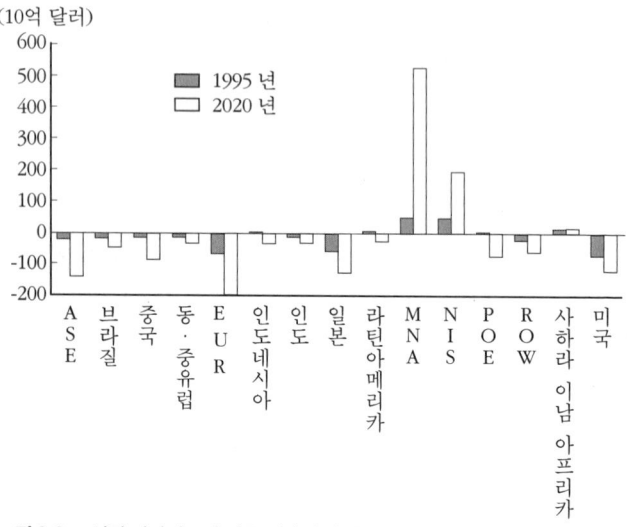

그림 6-2 고성장 시나리오에 따른 세계 화석 연료의 순 무역액

주) (1) 1992년 기준 미 달러 환산

　　POE: 태평양 OECD 국가들(호주, 캐나다, 한국, 멕시코, 뉴질랜드)

　　ROW: 기타

출처: OECD『2002년의 세계』

국)의 한정된 석유 자원에 의존해야 할 것이다.

이와 같은 석유 자원을 둘러싼 경쟁 관계 속에서 가장 우려되는 것은, 에너지 수요가 급격히 늘어나면서 수입 의존도가 높아지고 있는 중국과 그동안 아시아에서 최대 석유 수입국이었던 일본과의 경쟁 관계이다. IEA의『석유시장월보』2004년 2월호의 예상에 따르면, 2004년 중국의 석유 수입량은 전년 대비 6.2% 증가한 1일 583만 배럴이지만, 일본은 전년 대비 2.6% 감소한 528만 배럴로 다른 선진국과 마찬가지로 에너지원을 다각화하여 석유 의존도를 서서히 낮추고 있다는 사실을 알 수 있다. 중국의 석유 의존도가 높아질 수밖에 없는 배경에는 급속한 경제 성장뿐만 아니라 석탄에서 석유로 에너지원을 전환한 탓도 있다. 또한 자동차의 급속한 보급, 석탄에서 등유로의 가정 난방 연료 전환, 석유 화학 공업의 발전 등의 요인도 중국의 석유 의존도 증가를 부추기고 있다.

환경 문제 차원에서 본다면 석탄에서 석유로의 에너지원 전환은 옳은 일이지만, 최근 중국의 석유 수입 증대는 석유 가격 인상을 초래하여 중국을 비롯한 석유 수입국에게는 그리 환영할 만한 일이 아니다. 2004년 10월, 석유 가격은 1배럴당 55달러를 넘는 급등세를 보였다. 이는 OPEC의 활동, 석유에 대한 투기, 최대 석유 소비국인 미국의 시세 변동 등 복잡한 요인들이 얽혀 있기 때문이기도 하지만, 최근 중국의 석유 사재기 정책이 크게 영향을 주고 있다는 점도 무시할 수 없다.

최근 중국은 에너지 자원 확보를 위해 적극적인 에너지 외교를 추진하여 석유에 이어 천연가스 분야에서도 중동과의 협력을 강화하고, 러시아와도 동시베리아 석유 파이프라인 건설을 협상 중이다. 또한 중국은 동지나해에서 일본이 주장하는 배타적 경제 수역(EEZ)의 경계선(중간선) 근처에 위치한 춘샤오春曉 가스전의 시추 작업을 시작하는 등 중일 관계를 더욱 악화시키고 있다. 이와 같이 중일 양국이 에너지 자원을 둘러싸고 대립하는 것은 양국의 국익에 큰 손해일 뿐만 아니라 "동아시아 경제 공동체" 성립에 있어서도 큰 장애로 작용할 것이다. 석유 자원의 확보가 아무리 중요하다 할지라도 중국 측은 이러한 행동을 자제할 필요가 있을 것이다.

(4) 에너지의 안정적 공급과 지역 협력

이와 같이 동아시아가 에너지 자원을 둘러싸고 경쟁한다면 서로 아무런 이득도 얻을 수가 없다. 그보다는 동아시아 전체가 공동체로서 의식을 공유하고, 에너지의 안정적 공급과 지역 협력을 위해 노력하는 편이 보다 많은 결실을 기대할 수 있을 것이다. 필자는 이를 위해 다음과 같은 제안을 하고자 한다.

에너지 자원의 공동 개발

IEA의 2003년도 「세계 에너지 투자 전망World Energy Investment Outlook」에 따르면, 2001년부터 2030년까지 세계 에너지 공급을 위한 인프라 정비에 필요한 투자 총액은 16조 달러에 달하며, 그중 약 50%는 에너지 생산과 수요가 급속히 증가하고 있는 개발도상국에게 필요한 것으로 보인다. 그중에서도 아시아가 에너지 자원 개발을 위해 필요로 하는 투자액은 막대하여, 중국만 보더라도 세계 전체의 14%에 해당하는 2조 3,000억 달러이며, 인도, 인도네시아 등 중국을 제외한 기타 아시아 지역 전체도 이와 거의 비슷한 금액 투자가 필요할 것으로 예상된다. 이와 같이 에너지 자원 개발에는 거액의 투자가 필요하지만, 에너지 자원을 필요로 하는 동아시아 국가들이 중동의 에너지에만 의존하지 않고 공동으로 새로운 에너지 자원 개발에 착수한다면, 에너지 공급원을 다각화시킬 수 있을 것이다. 그러한 의미에서, 고이즈미 총리가 2002년 4월 하이난다오의 보아오에서 열린 아시아 포럼에서 "아시아의 신세기 ― 도전과 기회"라는 주제의 연설을 통해 동아시아 국가들에게 촉구한, '새로운 에너지 공급원으로서 유망한 중앙아시아 국가들과의 에너지 개발 협력'은 실현이 기대되는 훌륭한 구상이라 할 수 있을 것이다.

앞에서 언급한 동시베리아 석유 파이프라인 프로젝트는 일본이 나홋카 노선, 중국이 대경大慶 노선으로 경쟁하는 형태인데, 앞선 것은 중국의 대경 노선으로, 경제성에 있어서도 이 노선이 더 우수하다고 한다. 러시아에게 있어서는 중국과 일본이 이 두 가지 노선을 둘러싸고 경쟁하는 편이 유리하겠지만, 일본에서는 약 58억 달러라는 거액의 투자에 걸맞은 매장량이 있는지 의문시하는 시각도 있기 때문에, 중국과 일본이 경쟁하면서 프로젝트를 실시해 나가야 하는지는 신중히 고려해야 한다. 경제성이나 기술적 가능성이 인정된다면, 이러한 프로젝트야말로 중국과 일본이 함께 러시아 측과 협상해야 할 것이다. 가능하다면 중일 간 중계 지점까지 공용의 간선 파이프라인을 부설한 후, 그 지점부터 각국의 지선 파이프라인을 만들 수도 있다. 이러한 국가적 규모의 프로젝트를 중국과 일본이 공동으로 추진한다면, 경제적으로나 정치적으로 중일 관계 개선에 크게 기여할 수 있을 것이다.

다음으로 중일 간에 새로운 분쟁의 불씨가 되고 있는 센카쿠尖閣 열도의 해저 유전 발굴 문제에 대해 언급하고자 한다. 센카쿠 열도 주변 해저에 유전이 있는지 조사를 한 것은 1968년

당시 유엔 ECAFE(현 ESCAP)의 한 · 중 · 일 전문가들이 중심이
된 조사팀이었다. 당시 나는 ECAFE 사무국에 근무하고 있었으
며, 조사 결과가 불씨가 되어 대만과 중국은 센카쿠 열도에 대
한 영유권을 주장하기 시작했다. 중국이 갑자기 센카쿠 열도 주
변에서 해저 유전 발굴을 시작한 것은, 아무리 석유 자원이 필
요하다고 하더라도, 미래의 중일 관계를 위해서는 상당히 유감
스러운 일이었다. 당연히 일본은 이에 항의하였으며, 중국 측은
센카쿠 열도 주변 해저 유전 개발을 양국 공동으로 시행하자고
제안했다. 중국이 일본 측의 항의를 예상하고 있었다면 어째서
발굴을 시작하기 전에 공동 개발을 제안하지 않았는지 의심스
러웠다.[24] 어쨌든 일본은 센카쿠 열도 주변 해저 유전 개발을 외
교 협상을 통해 양국의 공동 프로젝트로 진행해야 할 것이다.
왜냐하면 현재의 중일 관계로는 센카쿠 열도 문제를 영토, 주권
의 문제로서 국제법에 의거하여 해결할 수도 없는 상황이며, 그
보다는 공동 개발의 형태를 취하는 편이 보다 현실적인 해결책
이기 때문이다.

석유 공동 비축 구상

중국을 비롯한 동아시아 국가들이 석유 수요 급증의 문제를 안
고 있는 지금, 동아시아 지역 내에서 석유의 민간 비축과 더불
어 국가 비축을 법률로 의무화하고 있는 나라는 한국과 일본뿐
이다. 한국과 일본은 모두 IEA 회원국이며, IEA의 국제 협정인
"국제 에너지 계획"(IEP)은 회원국에 대해 긴급 시 자급 능력
확보를 위해 전년도 석유 평균 순수입량의 90일분을 비축하도

록 의무화하고 있다. 일본은 1975년에 석유 비축법을 제정하여 민간 비축을 의무화하였으며, 1978년에는 국가 비축을 법제화하였다. 이에 따라 일본의 석유 비축량은 2004년 1월말 현재 163일분[25](민간 비축 77일분, 국가 비축 87일분)을 보유하고 있는 상태이다. 또한 한국은 약 60일분의 비축량을 보유하고 있다.

중국은 현재 100억 위안(약 1,400억 엔)을 들여 500만 톤(약 10일분)의 국가 비축 기지를 2005년 완공을 목표로 건설 중에 있으며, 20일분의 민간 비축 또한 검토하고 있어, 이것이 실현되면 합계 30일분 정도의 비축이 가능하게 될 것이다.

그 외에도 태국, 싱가포르, 인도네시아, 필리핀, 대만에는 현재 소규모의 민간 비축 제도가 있다. 하지만 국가 비축 제도는 현재 준비 중인 중국을 제외하고는 태국, 대만, 인도가 검토 단계에 있으며, 그 외 아세안 국가들은 계획조차 없는 상태이다.

일본은 1970년대의 두 번에 걸친 오일쇼크 경험을 바탕으로 석유 비축과 에너지 절약에 착수하였다. 그 경험과 기술을 살려 아시아 국가들의 석유 비축 제도의 도입, 강화를 도모한다면, 아시아 지역에서 석유의 안정적 공급과 가격 안정을 이끌어 낼 수 있을 것이다. 나아가 아시아의 석유 비축 제도를 IEA와 같이 긴급 시 석유 유통을 도모하는 시스템으로 발전시킨다면, 아시아판 IEA를 성립시킬 수 있을 것이다.

또한 일본은 아세안+3 에너지 장관 회의에서 "석유 비축 이니셔티브"를 추진하고 있으며, 이것도 "동아시아 공동체" 설립을 위해 일본이 할 수 있는 중요한 활동 중 하나로서 높이 평가할 수 있을 것이다.

에너지 공급을 위한 해상 교통로의 안전 보장

한 · 중 · 일을 포함한 동아시아 국가들의 석유 수입처가 주로 중동에 집중되어 있는 현재로서는 공급 보장을 위해 동아시아, 특히 아세안과의 협력 하에 유조선 수송시의 해상 교통로에 대한 안전 보장이 필요하다. 현재 유조선뿐만 아니라 일반 화물선과 여객선도 안전하게 항해한다고 보기 어려운 이 지역에서 이와 같은 동아시아의 협력 관계는 단순히 석유 수송 분야만이 아니라 보다 넓은 분야의 안전 보장으로 이어질 것으로 기대된다. 아세안+3 모임은 이러한 부분에서도 충분히 활용되어야 한다.

4. 농업 분야에서의 지역 협력: '동아시아 공동 농업 정책'

(1) 시급한 일본의 농업 자유화

일본이 "동아시아 경제 공동체" 구축을 적극적으로 단행하지 못하는 이유는, 일본 내 정치 · 경제의 최대 문제로서 농업 문제를 떠안고 있기 때문이다. 농업의 자유화는 "동아시아 경제 공동체" 성립에 있어 피할 수 없는 문제이다. 그러나 그동안

WTO, APEC에 대한 일본 정부의 대응을 보면, 일본 정부가 일본 농업의 앞날에 대해 어떤 생각을 하고 있는지 의문이 든다.

일본의 농업은 WTO, APEC, 나아가 현재 진행 중인 일본과 아세안과의 FTA 체결 협상에서도 자유화를 요구받을 것이 분명하다. 이 세 가지 포럼 협상의 공통점은, 일본이 1994년 우루과이 라운드 최종 단계에서 쌀의 최소 의무 수입Minimum Access을 받아들인 것처럼, 끝까지 농업 자유화에 대한 결론을 미루다 결국 타협하는 식의 불명료하고 전망이 결여된 정책을 내세웠다는 것이다. 국토 면적이 좁고 농업 인구가 계속 감소하고 있는 일본으로서는 농업 자유화는 상당히 어려운 문제일 것이다. 그러나 WTO, APEC, 아세안과 협상하는 데 있어 농업의 자유화를 피할 수 없는 이상, 일본도 일본 농업의 앞날을 고려하여 '어떤 개혁이 필요한지,' '어떻게 하면 농업의 최대 목표인 식량의 안정적 공급을 유지할 수 있는지' 파악하고, 전망을 입증할 수 있는 장기적 전략을 내세워야 할 것이다. 따라서 일본은 WTO, APEC 그리고 아세안과의 FTA를 협상하는 데 있어서 일관성이 결여된 불명확한 농업 보호 정책에서 벗어나 농업의 자유화를 전제로 한 대응책을 취할 필요가 있으며, 이는 "동아시아 경제 공동체" 성립을 위해서도 필요한 일일 것이다.

WTO에서 농업 자유화에 대한 대응

무역 문제에 대한 일본의 대응을 볼 때, WTO에서 일본이 농업 자유화 문제에 대해 취해 온 정책은 결코 일관된 것이 아니었다.

다소 오래된 일이지만, 한 예로 1994년 GATT 우루과이 라운드 협상을 들 수 있다. 협상은 끝까지 합의점을 찾지 못하였으며, 우루과이 라운드를 성공시키기 위해서는 일본의 쌀 자유화가 불가피하다는 주장이 나오기 시작했다. 그러자 이전까지 "쌀은 한 톨도 받아들이지 않겠다"고 강경하게 반대하던 일본 정부 측도 우루과이 라운드 결렬에 따르는 책임을 지고 싶지 않다는 일본적인 외교 체질에 따라 "최소 의무 수입"이라는 형태로 쌀 자유화를 받아들이게 된 것이다. 이와 같이 일본은 항상 궁지에 몰릴 때까지 결정을 미루다가 결국에는 외압에 굴복하는 형태로 타협해 왔던 것이다. 필자가 OECD 사무차장으로 있을 때, OECD 각료 이사회에서 일본이 자유화 문제로 고립되어 궁지에 내몰린 양상을 비참한 심정으로 바라보면서, 어째서 일본은 이와 같은 상황이 되기 전에 세계의 흐름을 파악하고 장기적으로 유리한 대안을 세우지 못했는지 의문이 들었다.

GATT는 우루과이 라운드 협상에서 GATT의 원칙인 "예외 없는 관세화"를 요구하며 일본 쌀에도 이를 적용하려 했지만, 일본은 "관세화"를 받아들이는 것은 일본 쌀에 엄청난 타격이라며 이를 거부했다. 또한 일본의 농림수산성 전문가는 쌀 "관세화"에서 벗어나기 위한 고육지책으로 쌀만을 예외 조치로서 "최소 의무 수입"이라는 최저 수입량 수입을 의무화하는 방식을 대안으로서 제안한 것이다. 당시 일본에서 "최소 의무 수입"은 일본 쌀을 살릴 수 있는 최선의 안으로서 높이 평가되었다. "예외 없는 관세화"를 내건 GATT로서는 쌀에만 예외 조치를 설정하길 원치는 않았지만, 우루과이 라운드 발족을 더 이상 지연시킬 수 없었기 때문에 '최소 의무 수입'을 인정하였다. 최소 의무 수입은 첫해에 쌀 수입량을 국내 소비량의 4%로 설정하고 매년 협상을 거듭한 후 6년째에는 수입량을 8%로 늘리도록 의무화한 것이었다. 그 결과 일본은 미국, 호주, 태국 등지에서 쌀을 수입할 수밖에 없게 되었으며, 묘안이라 생각했던 "최소 의무 수입" 방식이 큰 오산이었다는 사실을 깨닫게 되었던 것이다. 그 이유는 일본 소비자가 수입 쌀을 선호하지 않아 일부 수입 쌀의 매각이 어려워졌기 때문이다. 국제적으로 높은 평가를 받고 있는 태국 쌀조차도 일본 음식과는 맞지 않는다는 이유로 팔리지 않아 일부는 폐기할 수밖에 없었다. 일본 내 일반 소비자의 쌀에 대한 취향은 "고시히카리," "사사니시키"와 같은 고급 명품 쌀에 집중되어 있었으며, 그중에서도 특히 "우오누마魚沼 산 고시히카리"와 같이 "○○산 ××"를 선호하는 등 일본 소비자의 소비 성향이 선택적이었기 때문에 단순히 가격만으로는 일본 소비자의 취향을 판단할 수 없었던 것이다. 또한 "최소 의무 수입" 조치에 따라 수입 쌀이 시장에 나온 탓에 쌀이 넘쳐나, 일본 쌀을 비롯한 기타 쌀들의 가격 하락을 초래했다. 이와 같이 예상치 못한 악영향을 경험한 농림수산성은 방침을 전환하여, 1999년 4월부터는 그동안 가장 우려해 온 "관세화"를 받아들였으며, 수입 쌀에 대해서는 종량세로 1킬로그램당 351엔 17전의 세금을 부과했다. 그러나 "관세화"와 동시에 "최소 의무 수입"이 철폐된 것은 아니었기 때문에 2000년의 "최소 의무 수입"에 의한 쌀 수입량은 표준 연도 국내 소비량의 7.2%에 해당하는 연간 76만 7,000톤에 달했으며, 이후 일본은

"관세화"와 "최소 의무 수입"을 모두 짊어지는 이중고를 맛보아야 했다.

이와 같은 결과를 보면, 왜 일본이 우루과이 라운드 말기에 "관세화"에 반대함으로써 GATT가 규정한 "예외 없는 관세화"를 위반하고, 위반에 대한 대가로 "최소 의무 수입"을 선택했는지 의문을 가질 수밖에 없다. 또한 일본 정부는 "최소 의무 수입"에 의한 쌀 자유화를 받아들이는 대가로 벼농사를 짓는 농민들에게 6조 엔이 넘는 보조금을 지급하였지만, 이 보조금은 쌀 생산성을 높이고 경쟁력을 강화하기 위한 목적에 쓰인 것이 아니라 지방의 복지 등 다른 목적을 위해 이용되었다고 한다. 일본이 "관세화"와 "최소 의무 수입"을 모두 받아들이게 된 지금, 돌이켜보면 "관세화"를 피하기 위해 지불한 대가가 너무 크지 않았나 하는 생각이 든다.

현재 WTO에서는 미국이 제창한 "뉴라운드 협상"이 실시되고 있지만, 농업 자유화 문제 때문에 협상이 합의에 이르지 못하고 있다. 2004년 7월 말, 제네바에서 "뉴라운드" 협상에 대한 협의가 실시되었을 때, 일본은 쌀이나 유제품 등 중요 농산품의 높은 관세를 일정 수준 이하로 끌어내리는 "상한 관세" 도입에 강경히 반대했다. 그 결과, 일단 일본의 주장이 수용되면서 국가마다 중요 생산품이라 여기는 품목은 예외 품목으로 인정되었다. 이러한 해결 방법은 국제 회의에서 종종 볼 수 있지만, 이는 위기에 직면한 협상의 결렬을 막기 위한 일시적 조치에 불과하다고 할 수 있으며, 결론을 미루는 행동에 지나지 않는다. 앞으로 쌀을 비롯한 중요 농산물에 대한 자유화 압력은

품목	관세율(%)	품목	관세율(%)
곤약 감자	990	전분	290
땅콩	500	설탕	270
쌀	490	소맥	210
콩류	460	탈지분유	200
버터	330	대맥	190

표 6-3 일본의 주요 고관세 농산물 및 관세율

출처: 농림수산성 자료

한층 더 거세질 것으로 보인다.

이번 WTO 농업 협상에서 일본이 자유화 예외 품목으로 정한 중요 농산품의 관세는 쌀 490%, 버터 330%, 곤약 감자 990% 등으로 상당히 높다(표 6-3 참조). 그러나 이와 같은 고관세율을 향후에도 계속 유지하기는 어려울 것이며, 언젠가는 관세를 대폭 끌어내려야 할 것이다. 쌀의 경우, "관세화"와 더불어 "최소 의무 수입"에 의한 연간 약 77만 톤의 수입 의무가 남아 있다. 그러나 문제는 일본이 대폭적인 관세 인하를 거부한다면 WTO는 "최소 의무 수입" 물량의 확대를 요구할 것이 분명하다는 사실이다. 그렇게 되면 결국 일본은 이중고에서 벗어나지 못할 것이다. 일본이 이와 같이 이중고를 지면서 자유화를 촉구 받게 된 이유는 쌀에 집착한 나머지 "관세화" 예외 품목 설정을 주장했기 때문이며, 이에 대한 농림수산성의 착오와 그 파장에 대한 책임은 크다 할 수 있다.

일본에서 쌀은 정치적 · 경제적으로, 그리고 국민감정에 있어서도 성역화 되어 온 경향이 있다. 그러나 최근 식습관 변화에 의한 쌀 소비량 감소와 이에 따른 생산 축소 정책을 볼 때, 쌀만을 특별 취급하는 것이 과연 의미가 있는지 의문이다. 국민의 식생활 변화에 비추어 볼 때, 곡물 중에서는 쌀 이외에도 소맥, 대두가 중시되어야 할 것이며, 기타 농산물 중에서는 유제품과 육류도 중시되어야 할 것이다. 또한 경제적으로도 쌀 생산 농가의 소득은 낮은 상태로, 2002년에는 가구당 소득이 약 110만 엔에 불과하였으며, 지금도 소득은 점점 감소하고 있는 상태이다.

일본 정부는 차기 WTO 각료 회의까지 쌀을 비롯한 중요 농산품의 관세율은 현행 수준에서 단계적으로 끌어내리겠다는 입장을 정하고, 그 대신 "최소 의무 수입" 철폐를 위한 노력을 적극적으로 시도해야 할 것이다. 중요한 것은 중요 농산품을 보호하는 것이 아니라, 국민의 취향에 맞는 쌀의 생산성을 끌어올려 부가가치가 높은 농산품의 생산성을 높이고자 노력해야 한다는 것이다.

예전에 일본은 WTO 농업 협상에서 EU와 공동으로 "농업의 다면적 기능" 유지를 주장해 왔다. 그러나 최근 WTO 협상에서 EU는 일본이 아니라 예전에 농업 문제로 대립했던 미국과 협력하여 보조금 문제나 대 개발도상국 문제에 대처하고 있다. 이러한 결과를 초래한 데에는 여러 가지 이유가 있을 수 있다. 물론 최근 WTO의 주요 관심사가 변화하고 있다는 점도 이유로 들 수 있겠지만, EU가 보기에 농업 자유화에 관한 일본의 태도가 유연성을 결여하고 있어 타협의 여지가 없기 때문에, 일본과 파트너가 되는 것은 득이 되지 않는다고 판단했을 것이다.

GATT 체제부터 WTO 초기까지 일본은 미국, EU, 캐나다와 함께 4극 구조 중 1극을 차지하면서 나름대로 발언권을 갖고 있었지만, 최근에는 개발도상국의 발언권이 상당히 커지고 있다. WTO는 농업 협상 등에 있어 대략 다음과 같은 4개의 협상 그룹으로 구분된다.

G5: 미국, EU, 호주, 인도, 브라질 ─ 농업 협상 주도

G10: 일본, 한국, 스위스, 노르웨이, 아일랜드 등 ─ 농업 자유화에 신중

G20: 중국, 인도네시아, 멕시코, 남아프리카 등 유력한 개발도상국 그룹. G5의 인도, 브라질은 이 그룹의 회원국이기도 하다 ─ 선진국 주도의 자유화에는 반대

G90: 케냐, 탄자니아, 보츠와나, 피지 등 아프리카의 후발 개발도상국을 중심으로 한 그룹 ─ 개발도상국에 대한 특별 우대 조치를 요구

이 중 가장 힘이 있는 집단은 G5로, 농업 협상은 주로 이 그룹에 의해 추진된다. 일본은 세계 최대 식량 수입국임에도 불구하고 WTO의 농업 협상에서는 주요 협상 그룹인 G5에서 제외되어 있다. 일본은 G10의 리더 격이지만, G10은 농업 자유화에 소극적이기 때문에 WTO에서는 발언권이 약하다. 일본을 비롯한 수입국의 입장이 향후에도 유리하게 전개되지는 않을 것으

로 보이는 상황에서 일본이 계속 결론을 미루며 유연하게 대응하지 못한다면, 현재 WTO 시스템 하에서 볼 때 앞으로 일본 농업은 다른 유력 그룹의 주도 하에 놓이게 될 것이며, 일본의 선택 또한 좁아질 수밖에 없을 것이다. 지금 일본이 해야 할 일은 농업 자유화에 대한 예전의 발상을 전환하여 일본 농업의 구조 개혁을 단행하는 것이다.

APEC "보고르 선언"의 자유화 목표

한편, APEC에서도 1994년 11월 인도네시아의 보고르에서 열린 각료 회의에서 "보고르 선언"이 채택되어, APEC 회원국 중 선진국은 늦어도 2010년까지, 개발도상국은 늦어도 2020년까지 무역과 자본의 자유화를 달성한다는 목표가 정해졌다. APEC의 목표는 어디까지나 노력 목표이기는 하지만, 무역 자유화에는 농수산품의 자유화가 포함되어 있어 선진국 멤버 중에서도 일본에게는 상당히 달성하기 어려운 목표라 할 수 있다. APEC에서도 일본은 WTO에서의 경우와 마찬가지로 아세안이 중심이 된 개발도상국뿐만 아니라, 미국, 캐나다, 나아가 호주, 뉴질랜드 등 농업의 자유화를 요구하는 선진국을 상대해야 할 것이며, 만약 2010년까지 무역 자유화 목표를 달성하지 못한다면, APEC의 존립 이념인 자유화 구상을 무너뜨리는 결과를 초래하면서 APEC의 존속을 위태롭게 만들 수도 있을 것이다. GATT 체제의 최종 단계에서 일본의 쌀 자유화 문제가 우루과이 라운드 성립 여부를 결정짓는 상황에 내몰렸던 것처럼 "보고르 선언"의 자유화 목표를 무너뜨리고 APEC의 존속을 위태롭게 한다면, 일본이 이에 대해 모든 책임을 져야 할지도 모른다. 만약 일본이 2010년까지 쌀을 비롯한 농수산물의 자유화를 추진하지 못한다면, 아세안을 비롯한 APEC의 개발도상국도 2020년까지 무역 자유화를 달성하지는 못할 것이다. 이러한 맥락에서 보더라도 일본의 책임은 크다 할 수 있다. 이제 2010년까지는 얼마 남지 않았다. 일본은 WTO뿐만 아니라 APEC에서도 농업 자유화에 대한 대응을 서둘러야 할 것이다.

아세안과의 EPA 협상

일본은 현재 아세안 주요국들과 EPA 협상을 실시하고 있지만, 현시점에서는 WTO의 농업 협상과 마찬가지로 쌀 등 중요 농산품은 FTA 대상 품목에서 제외시킬 수밖에 없다. WTO의 농업 협상은 전형적인 다자간 협상이며, 세계 최대의 식량 수입국인 일본은 기본적으로 식량 수출국인 개발도상국뿐만 아니라 미국, 캐나다, 호주, 뉴질랜드 같은 식량 수출 선진국과도 종종 이해관계가 대립되어 협상이 어려운 상황이다.

한편, 일본과 아세안 주요국과의 EPA 협상은 양자간 협상이기 때문에 상호 수출 관심 품목을 통해 거래할 수 있다는 이점이 있다. 그러나 아세안 주요국의 주요 수출 관심 품목은 아직까지도 쌀 등 농산품이기 때문에, 일본이 싱가포르와 체결한 예외적인 EPA와 같이 농산품을 아예 제외시키기는 어렵다. 또한 앞으로 아세안의 후발 멤버인 베트남, 캄보디아, 미얀마 등과도 EPA 협상을 하게 될 것인데, 이들 국가들의 수출 관심 품목 또한 쌀을 포함한 농산품이기 때문에 일본은 농업 자유화를 더욱더 요구 받게 될 것이다. 이러한 의미에서 본다면, 아세안 국가들과의 EPA 협상은 2004년 3월에 겨우 합의에 이르렀던 멕시코와의 FTA보다도 어려운 협상이 될 가능성이 크다. 일본이 쌀 이외에도 높은 관세를 유지하고 있는 농산품, 예를 들어 990%나 되는 높은 관세를 부과하고 있는, 인도네시아의 수출 관심 품목인 곤약 감자만 하더라도, WTO 농업 협상에서는 중요 농산물에서 제외시킬 수 있어도 인도네시아와의 양자간 협상에서는 자유화를 요구 받을 것이 뻔하다.

일본은 쌀이면 모를까 곤약 감자를 보호하는 것이 일본 농업에 진정으로 의미 있는 일인지 근본적으로 따져 봐야 할 것이다. 이와 같이 아세안과의 EPA 협상은 WTO 농업 협상에 비해 보다 구체적인 품목별 자유화를 요구 받게 될 것이며, 일본은 멕시코와의 EPA 때보다 더 많은 농업 자유화를 강요당할지도 모른다.

그러나 이러한 과정 없이 아세안과의 EPA는 성립되기 어려울 것이며, 아무리 일본이 아세안에 대한 경제 협력을 강화한다고 해도 "동아시아 커뮤니티"의 내용 또한 구체성이 희박해질 것이다.

일본과 아세안 주요국과의 EPA 협상은, WTO에서의 경우와 마찬가지로, 일본이 중요 농산품의 관세 인하와 수입 확대에 반대하고 있기 때문에 어려움이 예상되고 있다.[26] 일본이 아세안 주요국과의 EPA 협상에서 주요 농산물을 제외시키고자 한다면, 어째서 아세안과 FTA를 포함한 EPA 협상을 추진했는지 의문이 생기지 않을 수 없다. 혹시 중국이 아세안과 FTA를 포함한 EPA 협상을 단행한 것을 보고 자극을 받아 협상을 시작한 것은 아닐까? 그렇다면 이는 일본이 앞날에 대한 계획도 없이 협상을 시작했다는 것을 의미한다. 일본은 아세안에 대해 중국처럼 농산물을 협상 대상 품목으로 제시할 수 없기 때문에 협상이 어려울 것이라는 것은 충분히 예상했을 것이다. 일본은 이 협상에서도 가능한 중요 농산품을 제외시키고 결론 내리기를 미루려고 하겠지만, 그러한 작전에도 한계가 있을 것이다. 따라서 일본은 농업 자유화를 둘러싼 WTO, APEC, 아세안 주요국과의 협상 장소에서 전망 없는 임시방편의 대응을 반복해서는 안 될 것이며, 향후 일본 농업을 어떠한 방향으로 이끌어 나갈 것인지에 대한 명확한 국가 농업 정책을 세워야 할 것이다.

(2) 일본 농업의 현상태와 미래

농업 인구의 감소와 고령화

2003년도 『도설圖設 식량 · 농업 · 농촌 백서』에 따르면, 2003년 1월 현재 일본의 총 농가 수는 전년 대비 1.5% 감소한 298만 2,000호로, 처음으로 300만 호를 밑돌았으며, 농업 취업 인구는 368만 명이었다. 2004년 중간보고에 따르면, 2004년 1월 현재 농업 취업 인구는 362만 명으로 더욱 감소하고 있다. 또한 2003년에는 농업 취업자 중 65세 이상 고령자가 차지하는 비율이 약 60%에 달했으며, 70세 이상이 전체의 25%를 차지하는 등 일본 농업의 고령자에 대한 의존도는 상당히 높은 상태라 할 수 있다.

	1970년	2001년
프랑스	112	122
미국	104	121
독일	68	99
영국	46	61
스위스	46	55
한국	80	49
일본	60	40

표 6-4
주요 선진국의 식량 자급률(칼로리 기준)의 추이(%)
출처: 농림통계협회, 2003년도 『도설 식량·농업·농촌 백서』

식량 자급률의 저하

이와 같이 농업 취업 인구가 감소하고 농업 취업자가 고령화되는 가운데 일본의 식량 자급률(칼로리 기준)을 보면, 1965년에는 독일, 영국, 스위스보다 높은 73%였지만, 표 6-4에서 볼 수 있는 것처럼 1970년에는 60%, 2001년에는 40%로 급격히 저하하여 주요 선진국 중에서는 최저 수준을 나타내고 있다(곡물 기준으로는 28%). 이는 독일, 영국, 스위스가 2001년에 각각 99%, 61%, 55%로 1970년에 비해 자급률을 높이고 있는 양상과는 대조적이라고 할 수 있다.

표 6-5는 2002년 일본 주요 농수산물의 품목별 자급률을 나타낸 것이다. 490%에 달하는 고관세로 보호받고 있는 쌀은 96%라는 높은 자급률을 유지하고 있는데 비해, 소맥은 13%, 대두는 5%로 거의 전체 소비량을 수입에 의존하고 있다. 또한 우

품목	자급률(%)	품목	자급률(%)
쌀	96	설탕	34
소맥	13	어패류	46
대두	5	곡물	28
우유 및 유제품	69	주식용 곡물	61
육류	53	칼로리 기준	40

표 6-5 주요 농수산물 자급률(2002년)

출처: 농림통계협회, 2003년도 『도설 식량 · 농업 · 농촌 백서』

유 및 유제품은 쌀 다음으로 높은 관세로 보호받고 있으며 자급률도 69%로 비교적 높지만, 기타 주요 농산물의 자급률은 대체적으로 50% 정도이다. 말하자면 관세가 높을수록 자급률도 높다.

일본과 마찬가지로 한국도 식량 자급률이 낮아지고 있다. 그렇다면 왜 한국과 일본의 식량 자급률은 이와 같이 급격히 낮아지고 있는 것일까. 그 이유는 국토가 좁아 농업에 적합하지 않다는 점 등 여러 가지를 들 수 있겠지만, 한일 양국의 공통점은 쌀이 주식이라는 점과 국민의 취향이 쌀 중심의 식사에서 서구적인 식사로 변하면서 육류나 유제품 등을 비롯한 식량 수입이 늘어나고 있다는 점을 들 수 있다.

일본의 식량 자급률은 곡물 자급률(사료용 포함, 중량 기준)의 경우 1965년에는 62%였던 것이 2001년에는 28%로, 그리고 주식용 곡물 자급률(중량 기준)의 경우 같은 기간에 80%에서

61%로 낮아지고 있다. 일본의 칼로리 기준 자급률은 세계 173 개 국가 및 지역 중 130번째이며, OECD 30개 회원국 중에서는 28번째로 아일랜드, 네덜란드 다음으로 낮은 수준이라 할 수 있다. 이대로 나아간다면 일본 농업의 지속적인 발전을 기대할 수 없을 뿐만 아니라 식량의 안정적 공급 자체가 어려워질 것이다. 농림수산성은 식량 자급률(칼로리 기준)을 10년간 45%로 높일 것을 목표로 내세웠지만, 2004년 9월 발표에 따르면 현 상태로 는 목표 달성이 어려울 것으로 보여 다시 검토에 들어가기로 했다고 한다. 농업 취업 인구가 감소되고 농업 취업자가 고령화 되면서, 쌀 생산 축소 정책 시행으로 휴경지가 증가하고 있는 현재 일본 농업의 상태로는, 자급률 저하를 막고 그것을 5% 높 이는 일조차도 상당히 어려울 것이다. 따라서 어떠한 정책과 방 법을 취할 것인지가 중요한 문제라고 할 수 있다. 농업 자유화 를 통해 생산성을 높임으로써 자급률 향상을 도모하는 것은 옳 은 일이지만, 현재 일본 농업의 상태로는 영국이나 스위스 수준 의 자급률을 회복하는 것은 어려울 것이다. 자급률 향상만을 우 선 과제로 삼아 농업 자유화를 지연시키고 경쟁력 없는 농산품 보호를 도모한다면, 장기적으로 볼 때 일본은 농업 경쟁력 강화 를 위해 필요한 구조 개혁에 대한 의욕을 상실하게 될 것이다.

지금이야말로 일본 농업의 구조 개혁을

세계화의 흐름 속에서 외국의 저렴한 농산품에 높은 관세를 부 과하여 유입을 막는 방법은 이제 통용되지도, 오래 지속되지도 않을 것이다. 그렇다면 일본 농업에서 남은 길은 농업에 대한 구조 개혁을 추진하는 일 외에는 없을 것이다.

농림수산성이 2004년 8월에 발표한 "식량 · 농업 · 농촌 기본 계획"의 중간보고는 단지 일본 농업 개혁의 한 가지 방향을 제시한 것에 불과했다. 이 중간보고에는 새로운 농업 담당자의 육성, 농업에 대한 기업의 참여, 농지의 효율적 이용, 농가에 대한 구미 지역 수준의 직접 소득 보상 도입 등 향후 10년간 일본 농업이 달성해야 할 구조 개혁 구상이 명시되어 있다. 그러나 그동안의 일본 농업 정책의 보수적인 체질로 보아서는 어느 구상 하나도 실현시키기가 쉽지 않다. 예를 들어, 농업에 참여하려는 기업에게 농지 대여 또는 취득을 인허가 하는 문제 한 가지를 보아도, 기득권 집단, 농업 단체, 농업 관련 의원, 개혁 저항 집단의 압력 등의 문제가 있으며, 이를 해결하기 위해서는 대담한 정치적 판단이 요구될 것이다. 그러나 일본이 예전과 같이 결정을 미루거나 개혁을 애매한 상태로 끝낸다면, 일본의 농업은 점점 쇠퇴 일로를 걷게 될 것이다. 따라서 개혁은 더 이상 늦출 수 없는 상태이며, 당장 실시 가능한 분야부터 개혁에 착수해야 할 것이다.

일본 농업의 구조 개혁은 일본 농업의 특수한 풍토와 환경, 소비자의 취향 등을 충분히 고려한 후에 이루어져야 한다. 첫 번째로, 농업의 대규모 경영화의 필요성을 들 수 있지만, 일본의 풍토로 보아서는 미국, 호주, 아르헨티나 같은 대규모 경영은 불가능한 상태이다. 따라서 일본 국토 규모에 맞는 중소 규모로 능률 높은 농업 경영을 지향해야 할 것이다. 두 번째로, 식량 자급률 향상이 아무리 중요하다 할지라도 이에는 한계가 있기 때문에 자급률 향상 자체에 우선순위를 두어서는 안 될 것이다. 일본 농업이 중요시해야 할 부분은 생산성 향상이라고 할 수 있으며, 첨단 기술을 활용하여 일본 소비자의 취향에 맞는 안전하고 품질 좋은 농산품을 생산해야 할 것이다. 세 번째로, 일본은 부가가치가 높은 농산품 생산에 중점을 두면서 농업 소득 향상을 도모해야 할 것이다. 수입이 낮은 쌀에만 집착할 것이 아니라 수입이 많은 농산물로 생산을 다각화할 필요가 있다. 네 번째로, 새로운 일본적 농업 경영에 착수하고, 새로운 농업 담당자를 육성하기 위해서 일본 정부는 초기 단계에 소득 보상을 비롯한 재정 지원을 실시해야 할 것이다. EU는 예산의 50% 가량을 농업에 배분하여 농업 자유화 때문에 경영이 어려워진 농민에 대한 소득 보상을 실시하고 있으며, 미국도 같은 정책을 취하고 있다. WTO에서는 농민에 대한 직접적인 소득 보상은 수출 보조금이나 관세만큼 농산물 가격에 직접 영향을 주지 않기 때문에 농산물의 자유 무역을 왜곡시키는 것이 아니라는 목소리가 확대되고 있으며, 일본은 정책을 결정하는 데 있어 이 점을 충분히 고려해야 할 것이다.

(3) 동아시아 공동 농업 정책 구상

농산물의 수입 의존도가 증가하고 있는 아시아

앞에서 제시한 2003년도 『도설 식량 · 농업 · 농촌 백서』에 따르면, 우루과이 라운드의 농업 합의 이후, 세계 농산물 무역에 구조적 변화가 일어나고 있다. 전체적으로는 선진국이 농산물에 대한 수입 의존 체질에서 벗어나 적자를 감소시키고 있는데 비해, 개발도상국은 농산물 수출에서 수입으로 전환되면서 흑자 체질에서 적자 체질로 변하고 있다. 아시아의 농산물 무역은 흑자 상태에서 적자 상태로 바뀌었으며, 아프리카와 중동에서도 농산물 수입이 증가하고 있다. 한국과 일본도 적자액이 증가하고 있으며, 중국도 흑자 상태에서 적자 상태로 바뀌었다. 또한 세계 농산물 수입액에서 차지하는 아시아 점유율도 1986-88년의 18.1%에서 2000-02년에는 22.3%로 증가하고 있다.

지금까지 주로 개발도상국은 농산물 수출국, 선진국은 공산품 수출국으로 분류되어 왔다. 그러나 최근 선진국들은 한국, 일본 등 일부 국가를 제외하고는 식량 자급률을 높이고 있으며, 그중에서도 미국, 캐나다, 호주 등 대규모 농업으로 높은 농업 생산성을 보유한 국가들이 주요 식량 수출국이 되고 있다. 이러한 상황에서는 선진국의 농산물 수입 점유율이 감소해도 이상할 것이 없다. 또한 동아시아 NIES의 수출품 구성에서 완제품, 반제품이 대부분을 차지하면서, 농산품 점유율이 감소하고 있는 것도 이러한 경향에 박차를 가하고 있다. 또한 중요한 사실은, 중국을 비롯한 동아시아 국가들의 높은 인구 증가율과 경제 성장률이 식량 수입 의존도 증가로 이어지고 있다는 것이다. 앞으로도 아시아의 인구 증가와 고성장이 계속된다면, 가까운 미래에 아시아는 세계 최대의 식량 수입 지역이 될 것이 분명하다.

OECD의 『2020년의 세계』에 따르면, 그림 6-3에서 볼 수 있는 것처럼, 2020년에는 농산품 및 가공 식품의 순 무역액에서,

(10억 달러)

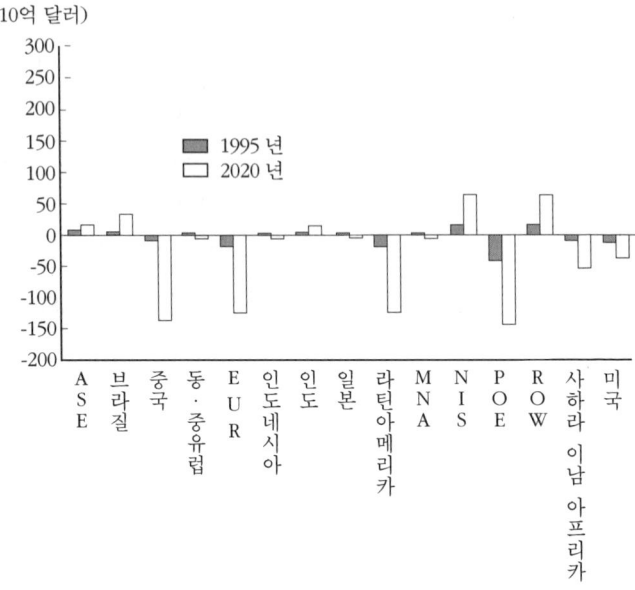

그림 6-3 세계 식량(농산품 및 가공 식품)의 순 무역액(1992년 기준 미 달러 환산)
주) ASE: 대만, 말레이시아, 필리핀, 싱가포르, 태국
　　EUR: EU15개국+EFTA(노르웨이, 스위스, 아일랜드)
　　MNA: 중동 및 북아프리카 국가들
　　NIS: 신생독립국가연합(구소련연방구성국)
　　POE: 태평양 OECD 국가들(호주, 캐나다, 한국, 멕시코, 뉴질랜드)
　　ROW: 기타
출처: OECD, 『2002년의 세계』

일본은 약 1,750억 달러로 세계 최대 수입국이 될 전망이며, 중
국도 정책 목표로서의 식량 자급률을 포기한다면 일본과 거의
같은 수준인 약 1,700억 달러의 식량 순수입국이 될 것으로 예
측하고 있다. 중국의 뒤를 잇고 있는 것은 EUR로 약 1,500억 달

러의 대량 수입 지역이 될 것으로 예측되고 있다. 일본, 중국, EUR의 이와 같은 방대한 수입 수요에 대해 공급 능력을 갖고 있는 것은 주로 미국(약 2,800억 달러)으로, 그 외에는 오세아니아와 라틴아메리카 일부 지역뿐이다. 2020년에는 식량 수입에 있어서도 일본과 중국이 세계 최대 수입국으로서 자리할 것으로 보이며, 이 상태로 나간다면 에너지 공급원을 차지하기 위해 중국과 일본이 경쟁했던 것과 마찬가지로, 제한된 식량 공급원을 구하기 위해 경쟁할 수밖에 없을 것이다.

OECD의 예측에 따르면, 2020년 식량 수급 관계는 일단 공급이 수요를 웃돌 것으로 보인다. 따라서 1995년에 레스터 브라운이 경고한 "누가 중국을 먹여 살릴 것인가?"와 같은 세계적 식량 부족에 대한 위기감은 없다. 일본은 인구가 감소하고 있기 때문에, 앞으로 농업 구조 개혁을 추진한다면 농업의 생산성은 증가할 것이다. 그러나 일본의 식량 자급률을 50% 이상으로 높이는 일은 상당히 어려울 것으로 보이며, 2020년에도 일본의 식량 수입 의존도는 여전히 높을 것이라고 생각된다. 한편 유럽이 OECD의 전망대로 대량 식량 수입 지역이 된다 하더라도 유럽에는 EU의 "공동 농업 정책"이 마련되어 있기 때문에, 역내 식량 공급을 포함해 식량 위기에 대한 대응책이나 식량의 안정적 공급을 위한 보장책이 중국이나 일본보다 잘 정비되어 있어 문제는 훨씬 적을 것이다. 그러나 아시아의 식량 수급 문제를 생각해 본다면, 이러한 OECD의 전망은 너무 낙관적인 것이 아닌가 하는 생각이 든다. 21세기의 일본, 중국 그리고 인도가 떠안을 식량 문제는 단순히 아시아만의 문제가 아니라 세계 전체의 식량 수급 관계에도 커다란 영향을 끼칠 것으로 보이기 때문이다. 이러한 의미에서 본다면, 이는 심각하게 주목해야 할 문제라고 할 수 있다.

최근 필자가 만난 중국 정부의 한 농업 관계자에 따르면, 중국은 식량, 특히 주요 곡물 자급률을 95% 이상으로 유지할 것을 목표로 삼고 있으며, 실제로 지금까지도 주요 곡물에 대해서는 높은 수준의 자급률을 유지하고 있다. 그러나 중국도 WTO에 가입한 이상 일본과 마찬가지로 농업 자유화를 추진해야 할 것이며, 식량 전체의 자급률은 떨어질 수밖에 없을 것이다. 중국의 급속한 경제 발전은 하루에 1달러 이하로 생활하는 빈곤층을 줄이는 데 한몫했다고 할 수 있다. OECD의 『2020년의 세계』에 따르면, 1979년에 개혁 개방이 시작되었을 당시 중국 인구의 거의 반에 해당하던 약 6억 명의 빈곤층은 현재 2억 명 이하로 감소했다고 한다. 중국의 소득 수준이 높아질수록 음식에 대한 취향이 변한다는 점은 일본과 같지만, 중국의 경우 육식을 선호하기 때문에 식량 수입의 대부분이 동물용 사료와 가축일 것이라는 예측이 일반적이다. 한국과 일본도 국민의 음식 취향이 변화하고 있기는 하지만, 중국만큼 육식을 선호하는 쪽으로 급변하고 있지는 않다. 중국의 연간 1인당 식육 소비량은 1989-91년에는 26.1킬로그램이었지만 1999-2001년에는 50.1킬로그램으로 증가하였다. 품목별로 그 비율을 살펴보면, 같은 기간에 돼지고기가 78.4%에서 65.4%로 감소한데 비해, 쇠고기는 4.0%에서 8.4%로, 가금家禽류는 13.0%에서 20.6%로 증가했다. 식육 소비량의 증가에 따라 가축 사료용 곡물 수요도 급증하고 있다. 또한 중국의 1인당 하루 섭취 칼로리도 1978년 이후 식량 소비의 증가와 다양화에 따라 급속히 증가하고 있으며, 1990년대 중반에는 일본을 웃돌아 약 3,000칼로리에 달했다. 유엔의 인구 예측에 따르면, 중국의 인구는 평균치로 보아도 2030년에는 약 14억 5,000만 명에 달할 것으로 예측되고 있다. 중국은 세계 최대의 곡물 생산 국가이며, 2001년 곡물 생산량은 4억 톤으로 세계 곡물 생산량의 약 20%를 차지하고 있다. 그러나 농업 생산성은 저조한 상태인데, 국민 1인당 곡물 생산량이 308킬로그램 수준에 머무르고 있어, 세계 평균 곡물 생산량인 343킬로그램을 밑돌고 있다.

이와 같이 본다면, 현재 중국의 농업 생산력으로는 인구 증가와 기호 변화에 따른 가축 사료용 곡물의 수요 증가를 국내 생산만으로 충당하기는 상당히 어렵다고 할 수 있다. 그동안 중국은 경지 면적의 확대나 축산을 장려하여 식량 증산에 힘써 왔다. 그러나 이는 과잉 경작, 토양 유출, 홍수, 사막화를 초래하여 환경 파괴의 원인이 되었다. 이미 환경 문제에서 기술한 구이저우 성의 "퇴경환림退耕還林" 프로젝트는 과잉 경작에 의한 토양 유출을 방지하기 위한 조치이며, 이는 중국의 식량 증산이 얼마나 어려운 일인가를 말해 주고 있다.

식량 자급 목표를 농업 정책으로 내걸고 있기는 하지만, 중국이 완전한 식량 자급을 도모하는 것은 아직 어렵기 때문에, 2020년에는 OECD의 예측대로 일본과 비슷한 수준의 식량 수입국이 될 가능성이 높다. 중국의 식량 부족량에 대해서는 일본 국내외에서 각종 추계가 나오고 있다. 중국의 인구 증가율을 매

년 1.1%로 본다면, 매년 약 500만 톤의 곡물 증산이 필요할 것
으로 보이며, 2020년의 곡물 부족량은 4,000-5,000만 톤에 달해
중국은 부족량을 수입으로 메울 수밖에 없을 것으로 예측된
다.[27] 레스터 브라운이 우려하는 바와 같이 중국의 식량 부족이
전 세계적인 식량 부족으로 비화되는 일은 없다 하더라도, 중국
의 식량 수급 동향이 세계 식량 수급에 커다란 영향을 끼칠 것
은 분명한 사실이며, 현재 세계 최대 식량 수입국인 일본에게
있어서도 중국의 식량 수급 동향은 식량의 안정적 공급과 관련
된 중요한 관심 사항이다.

최근 중국의 대두 수입량은 급속히 증가하고 있다. 이는 국
민의 식량 소비의 다양화를 반영하여 기름 추출용 대두나 가축
사료용 대두 가루의 수요가 급증했기 때문이며, 중국은 1996년
부터 대두 순수입국이 되었다. 2001년에는 1,394만 톤의 대두
를 수입하였는데, 이는 세계 대두 총 수출량의 약 30%에 이르
는 양으로, 브라질은 대 중국 최대 대두 수출국이라 할 수 있다.
또한 일본의 대두 수요량도 연간 약 500만 톤에 이르고 있지만
자급률은 5%에 불과한 상태로, 일본 국내 소비의 95%를 수입
에 의존하면서 중국과 경쟁 관계가 발생하고 있다.

중국 다음으로 인구 대국인 인도는 식량 수요가 크기는 하
지만, 앞에서 제시한 그림 6-3과 같이, 1995년에 식량 자급을 달
성하면서 식량 순수출국으로서 자리하고 있으며, 2020년에는
식량 자급을 유지하면서 약 200억 달러의 식량 수출이 가능할
것으로 예측되고 있다. 그런데 흥미로운 사실은 중국과 인도는
모두 인구 대국인데도 불구하고 대조적인 양상을 보이고 있다

는 점이다. 어째서 중국은 대량의 식량 수입국이 되었는데 비해, 인도는 식량 순수출국이 된 것일까? OECD의 『2020년의 세계』에 따르면, 2020년에 중국에는 빈곤층이 거의 존재하지 않을 것으로 보이지만, 인도에는 상당한 빈곤층이 존재할 것으로 예측하고 있다. 빈곤 문제는 중국과 인도의 사회 시스템의 차이, 특히 인도의 카스트 제도가 주요 원인이라고 생각할 수도 있지만, 인도의 식량 자급 문제를 논하면서 사회 제도나 종교 때문에 인도의 1인당 식육 소비량이 중국에 비해 훨씬 적을 것이라는 OECD의 설명은 납득하기가 어렵다. 인도도 최근에는 중국 다음으로 빠른 속도로 발전하고 있으며, 수억 명에 달하는 중산 계급이 생겨나고 있다고 한다. 따라서 경제가 자유화되고 국민의 생활이 풍요로워지면, 과연 인도가 2020년에도 식량 순수출국으로 남아 있을지는 알 수 없는 일이다.

식량의 안정적 공급 확보 가능성

WTO를 중심으로 세계 농산물의 무역 자유화가 추진되고 있는 가운데, 동아시아 중에서도 특히 세계 최대의 식량 수입국이 될 것으로 보이는 중국과 일본이 앞으로 식량의 안정적 공급을 확보할 수 있느냐의 문제가 우려되고 있다. 다른 상품과는 달리 식량의 확보는 인간의 생존과 관련된 문제이므로, 식량만은 특별히 자유화에서 제외시켜 국내 농업을 보호해야 한다는 주장도 무조건 부정할 수만은 없을 것이다. 게다가 농업 생산은 날씨나 이상 기후에 의한 재해 등 불안정한 자연 조건에 좌우되기 때문에, 곡물을 포함한 세계 식량 수급량은 부족 상태와 과잉 상태를 반복하고 있다. 따라서 식량 자급률이 낮은 일본으로 서는 당연히 식량의 안정적 공급을 확보하는 것이 우선적인 과 제라고 할 수 있다.

앞서 제시한 그림 6-3에서 볼 수 있는 것처럼, 2020년에 증 가하는 식량 수요를 충당할 수 있는 공급 국가는 미국과 오세 아니아, 라틴아메리카 등의 일부 국가뿐이라는 사실이 식량의 안정적 공급을 확보해야 하는 현시점에서 문제가 되지 않을 수 없다. 특히 식량 부족 국가들이 미국 한 나라의 공급에 많이 의 존한다는 것은 문제가 있으며, 따라서 식량 수입국은 공급처를 가능한 한 다각화해야 할 필요가 있다. 미국의 농업은 대규모 농업 형태를 띠고 있어 생산성은 높지만 날씨나 기상 조건으로 부터 완전히 자유롭다고는 할 수 없으며, 그 일례로 1973년 대 두 흉작에 의한 수출 금지령을 들 수 있다. 그 당시 필자는 농림 성(당시) 관료와 함께 미국 농무부의 담당 국장을 만나 일본에 대한 대두의 특별 수출 허가를 요청하였지만, 미국 농무부의 담 당 국장은 "왜 일본만 특별 대우를 해야 하는가. 미국에도 많은 고객이 있다. 어디에서든 사고 싶은 데에서 사라"며 냉대를 했 다. 이 경험을 바탕으로 일본은 태국, 브라질 등지에서 대두의 개발 수입에 착수했지만, 현재까지도 일본의 최대 대두 공급 국 가는 미국이다. 중국이 세계 최대 대두 수입국이라는 사실은 앞 서 언급했을 것이다. 일본은 현재 주로 미국 시장에서, 중국은 주로 브라질 시장에서 대두를 수입하고 있기 때문에 일단 경쟁 관계는 피하고 있다. 그러나 중국은 최근 미국에도 구입 가능성 을 타진하고 있다고 전해지고 있으며, 일본은 중국과의 경쟁 없이 대두 공급원을 확보할 필요가 있기 때문에 양국 농업 관계자의 협의는 꼭 필요하다.

일본과 중국 간에는 2001년 4월 긴급 수입 제한 조치를 둘러싸고 문제가 발생하는 등 농업 문제에서는 양국이 경쟁 관계에 있다고 보기 쉽다. 그러나 안정적 식량 공급 보장이라는 점에서는 공통된 이해관계를 가지고 있다고 할 수 있다. 일본과 중국이 동일 시장에서 같은 물건을 수입하는 데에서 초래되는 가격 폭등은 양국에게도 그리고 국제적으로도 바람직하지 않다. 일본은 석유 문제에 대해 아세안+3 모임에서 석유 자원의 공동 개발 및 공동 비축에 대한 구상을 추진하고 있는 것과 마찬가지로, 식량 문제에 대해서도 동아시아에 대한 식량의 안정적 공급 보장을 목표로 개발 수입 및 공동 비축에 대한 구상을 추진할 필요가 있다. 더욱이 이 구상은 장기적으로 볼 때 동아시아 공동 농업 정책의 성립으로 이어질 수 있을 것이다.

동아시아 "공동 농업 정책"의 필요성

앞에서도 동아시아 농업에 대해 설명했지만, 한·중·일 3개국의 농업은 국제적으로 볼 때 취약하다고 할 수 있다. 또한 동아시아 전체를 보더라도 농업 생산성은 저조한 상태이며, WTO 농업 협상에서도 존재감은 희박하다고 할 수 있다. 한편 유럽의 농업은 북미, 오세아니아, 라틴아메리카와 비교하면 취약하기는 해도 EU의 "공동 농업 정책"에 의해 지탱되고 있기 때문에, WTO 농업 협상에서도 이따금 고립될 수밖에 없는 한국, 중국, 일본보다는 훨씬 유리한 입장에 있다고 할 수 있다.

그동안 GATT/WTO 체제 하의 농업 협상을 보아도 농업 문제는 상당히 정치적인 성격을 갖고 있다는 것을 알 수 있다. 미국은 농업 무역의 자유화 원칙을 주장하면서도 막대한 보조금을 통해 경쟁력 있는 농업을 육성해 왔으며, 이러한 농업 능력을 외교에서도 최대한 활용해 왔다. 그림 6-3에서 볼 수 있는 것처럼, 2020년의 미국의 뛰어난 식량 수출 능력은 미국의 장기 전략과 막대한 보조금 및 자금력에 의해 구축된 것으로, 하루아침에 이루어진 것은 아닐 것이다. 한편 EU의 "공동 농업 정책"은 1962년 EC 시기에 입안되어, 1968년부터 본격적으로 실시되었다. 앞서 말한 대로 EU 예산의 약 50%는 EU 농업의 보호와 발전을 위해 쓰이고 있으며, 거액의 수출 보조금을 통해 EU 농업은 유지되어 왔다.

이에 비해 그동안 한·중·일 3개국 간에는 WTO에서 아무런 협력 관계도 존재하지 않았다. 최근 WTO 농업 협상에서 한국과 일본은 식량 수입국으로 구성된 G10의 회원국이 되었지만, 중국은 유력한 개발도상국으로 구성된 G20의 회원국이기 때문에 3개국 간에는 아무런 협력 관계가 없는 상태이다. 중국은 2020년에는 중국과 일본 모두 세계 최대 식량 수입국이 될 가능성이 있다는 사실을 명확히 인식해야 하며, 중일 양국은 농업 문제에 대한 협력 관계를 수립하기 위해 노력해야 할 것이다.

EU의 "공동 농업 정책"은 1962년부터 40년 이상에 걸친 시행착오 과정을 거쳐 이루어진 것이라 할 수 있다. 동아시아에서 "공동 농업 정책"을 실현하는 것은 정치적으로도, 경제적으로도 상당히 어려운 일이나, "동아시아 경제 공동체"를 창설하는 데 있어 농업 분야를 제외할 수는 없을 것이다. 일본은 WTO, APEC, 아세안과의 FTA 협상 자리에서 항상 일본의 농업, 그중에서도 특히 쌀을 보호하기 위해 갖은 희생을 치르며 소극적인 태도를 취해 왔다. 그러나 앞으로는 "동아시아 경제 공동체" 창설을 염두에 두고, 동아시아의 "공동 농업 정책" 안에서 일본 농업의 존속과 발전을 지향해야 할 것이다. "공동 농업 정책"은 정치적, 경제적 상호 신뢰 관계 없이는 실현될 수 없을 것이므로, 실현 가능한 정책부터 단계적으로 실시해 나갈 필요가 있다. 필자는 이를 위해 다음과 같은 구체적인 제안을 하고자 한다.

(i) 동아시아 농업 개발과 지역 협력을 위한 정책 협의

중국, 일본 등 식량 수입 의존도가 높은 국가들이 북미, 오세아니아, 라틴아메리카뿐만 아니라 동아시아 역내 시장에서도 수입원을 구할 수 있도록 동아시아의 농업 생산력을 높이고 시장을 확대, 다양화하여 식량의 안정적 확보에 힘쓰도록 한다. 또한 이를 위한 정책 협의를 정기적으로 실시한다.

(ii) 동아시아 역내에서의 개발 수입 촉진

식량의 안정적 공급을 위해서는 개발 수입을 촉진해야 하며, 이를 위한 자금 협력 및 기술 협력이 필요하다. 예를 들어, 중국이 농업 생산력을 높이기 위해서는 선진국과 같은 고품질의 종자 개발이나 농업 개발에 의한 환경 악화 방지 기술이 필요하며, 동

아시아에서 가장 고도의 기술을 갖고 있는 일본이 기술 협력을 실시한다면, 중국 농업의 발전과 일본 식량 공급원 확보로 연결시킬 수 있을 것이다.

(iii) 식량의 "안전 기준"과 "환경 기준" 설정

일본의 개발 수입 촉진을 위해서는 수입 식량의 "안전 기준"과 "환경 기준"을 설정하고, 이를 위한 기술 지도를 실시할 필요가 있다. 1968년에 EC 공동 농업 정책이 처음 시행되었을 당시, EC는 기준을 설정하여 농산물 유통을 확대시켜 나갔다. 현재 중국에서 수입되는 농산품과 식량 중에는 일본의 "안전 기준"과 "환경 기준"에 미치지 못하는 것들도 있기 때문에, 결국 일본 소비자의 불신감을 자아내는 경우가 많다.

(iv) 긴급 상황에 대비한 식량의 공동 비축 구상

식량 자급률이 저조하고 세계 최대 식량 수입국인 일본에게 있어서 최대 문제는, 긴급 시 식량 비축 체제가 상당히 취약하다는 것이다. 에너지 문제에서 1970년대에 두 번의 오일쇼크를 경험한 일본은 IEA의 권고에 따라 현재 163일분의 석유 비축량을 유지하고 있으며, 에너지 협력에 관한 아세안＋3 회의에서도 석유에 대한 공동 비축 구상을 제안하고 있다. 그러나 식량 문제에서는, 2차 세계대전 중에 그리고 전후 한때 식량 부족을 경험했음에도 불구하고, 최근 평화와 풍요의 시대에 식량 부족을 경험한 세대가 적어지면서 식량 부족에 대한 관심이 희박해지고 있다. 2차 세계대전 이후, 쌀이 통제되던 시기에는 쌀 비축에 대한 논의에 따라 쌀을 해저에 비축하는 등의 여러 가지 안이 제출되었지만, 최근에는 비축 구상에 대한 논의가 거의 없는 상태이다.

이처럼 식량 비축 구상에 대한 논의가 거의 없는 이유는 스위스처럼 인구가 적은 나라에서는 식량 비축이 가능하지만, 일본처럼 인구가 많고 비축 공간이 적은 나라에서는 비축 비용이 높아 식량 비축이 비현실적이라는 염려 때문이다. 또한 일반적으로 긴급 사태가 생긴다 하더라도 신뢰하는 미국이 식량을 공급해 줄 것이라는 막연한 기대감을 갖고 있는 것 같다. 그러나 앞에서도 언급한 1973년 대두 수출입 금지와 1980-81년에 걸친 대 소련 곡물 수출입 금지의 경우를 생각해 보면, 미국의 식량 공급도 절대적일 수는 없다. 더욱 위험한 사실은 긴급 시 식량 공급이 외교 정책상의 도구로서 이용될 수 있다는 것이다.

현재 일본의 곡물 비축량은 쌀 150만 톤(2개월분), 식량용 소맥 100만 톤(2.6개월분), 식량용 대두 5만 톤(20일분), 사료용 곡물 120만 톤(1개월분) 수준에 불과하다. 그 외에도 소맥과 대맥의 경우에는 현재 캐나다, 호주와 안정적인 수입 물량 규정에 대해 논의 중에 있으며, 캐나다와는 연간 소맥 120만 톤, 대맥 16만 톤, 호주와는 연간 소맥 90만 톤, 대맥 28만 톤의 목표가 설정되어 있다. 이러한 규정은 식량 수급에 긴급한 상황이 발생했을 때 커다란 도움을 줄 수 있으며, 앞으로도 이와 같은 안정적인 수입 물량에 대한 규정을 설정해 나갈 필요가 있다.

유럽은 식량 자급률이 일본보다 높은데도 불구하고 식량 비축 제도가 잘 정비되어 있다. 스위스는 곡물 자급률이 68%이지만 6개월분의 소맥, 쌀, 설탕, 식용유 등의 비축을 식량 수입 기업에 의무화하고 있으며, 각 가정에도 10일분의 식량 비축을 의무화하고 있다. 또한 긴급 사태가 발생하면 즉시 목장을 식량 생산용 밭으로 전환할 수 있도록 계획되어 있다. 그 외에도 독일, 스웨덴, 핀란드, 노르웨이도 국가 비축을 실시하고 있으며, 가정 내 비축을 장려하고 있다.

일본에 스위스와 같은 비축 제도를 의무화하는 것은 어려울 수도 있겠지만, 유럽처럼 냉전 종식 후 EU가 정치 통합을 이루고 있는 가운데에서도 국가 비축 제도를 실시하여 가정 내 비축을 장려하고 있는 국가가 존재한다는 사실을 잊어서는 안 될 것이다.

일본도 국가 비축이나 스위스 같은 기업 비축을 실시해야 하겠지만, 일본의 경우 인구가 많은 만큼 비축량도 엄청나기 때문에 공간 면, 비용 면에서 문제가 될 수 있다. 따라서 "동아시아 공동 농업 정책" 프로젝트의 일환으로 우선 공동 비축에 관심 있는 국가와 협의를 진행하여 동아시아 전체로 확대시키는 방안을 진지하게 고려해 볼 필요가 있다. 이는 일본의 안정적 식량 공급을 위해서 뿐만 아니라 식량 부족 가능성 때문에 고심하는 국가들에게도 필요한 일일 것이다.

이를 위해서는 ODA를 효과적으로 활용하는 것도 한 가지 방법이 될 수 있다. 현재 일본은 아시아 중에서도 특히 동아시아 지역에 ODA를 중점적으로 제공하고 있다. 일본의 안정적 식량 공급을 위한 "개발 수입" 촉진을 위해, 나아가서는 식량의 공동 비축 실현을 위해 ODA를 효과적으로 활용한다면, 일본의 국익뿐 아니라 동아시아 지역 농업 개발에도 기여할 수 있는 프로젝트로서 높이 평가받게 될 것이다.

5. 아시아 통화 · 금융 협력: "아시아 공동 통화권"을 향한 길

(1) 아시아의 통화 · 금융 협력을 향한 움직임

동아시아 지역 협력의 계기가 된 것은 아시아 통화 위기 이후의 금융 협력이었으며, 구체적으로는 2000년 5월 태국이 주최한 치앙마이 이니셔티브에 의한 스왑 거래 체결이었다는 사실은 이미 2장에서 언급한 대로이다. 이 치앙마이 이니셔티브가 태국의 주도 하에 진행된 이유는 일본의 AMF 구상이 미국과 IMF의 반대에 의해 좌절되었기 때문이다. 치앙마이 이니셔티브는 아마도 신 미야자와 구상을 비롯한 일본의 협력과 기여가 없었다면 실현될 수 없었을 것이다. 또한 일본의 AMF 구상의 "재판"이라고도 할 수 있는 치앙마이 이니셔티브를 미국과 IMF가 인정한 이유도 스왑 거래 체결에 대해서는 IMF와 협의하기로 조건이 설정되어 있었기 때문이며, 이는 일본과 미국과의 협의 없이는 이루어질 수 없었을 것이다. 이러한 의미에서 일본이 수행한 역할은 크다고 할 수 있으며, 이를 통해 치앙마이 이니셔티브가 진전을 보였다는 점은 높이 평가할 만하다. 또한 치앙마이 이니셔티브가 동아시아 통화 위기의 재발 방지, 나

아가서는 통화 안정을 위해 기여한 정치적, 심리적 효과도 크다
고 할 수 있다.

　그러나 일본의 약점은 아시아에 대한 통화 외교 문제마저
도 미국과 IMF를 제쳐두고는 주도권을 잡을 수 없다는 점에 있
다. 아시아는 표 6-6에서 볼 수 있는 것처럼 현재 2조 달러가 넘
는 방대한 외환 보유액을 보유하고 있으며, 이는 계속 늘어나고
있는 실정이다. 1971년 닉슨 쇼크에 의한 브레튼 우즈 체제 붕
괴 후에도 세계 기축 통화로서 미 달러화의 위상을 계속 지켜
나가려고 하는 미국이 이와 같은 아시아에 대해 무관심할 리
없으며, 따라서 일본도 통화 외교에서 미국을 배려하지 않을 수
없을 것이다.

　한편, 아시아 국가들도 1997년 아시아 통화 위기가 자국 통
화를 미국 달러화와 연동시켰기 때문에 발생한 것이라는 사실
을 충분히 알고 있음에도 불구하고 아시아 통화 위기 이후 또
다시 미국 달러화를 주요 통화로서 받아들였으며, 최근에도 아
시아의 많은 통화들이 다시 달러화와 연동하기 시작했다. 중국
의 위안화를 비롯하여 말레이시아 통화인 링깃도 다시 미국 달
러화와 연동하고 있으며, 다른 통화들도 미국 달러화와 연동성
을 강화하고 있다. 현재 세계 주요 통화가 외환 보유액에서 차
지하는 비율은 미국 달러화기 65%로 월등한 상태이며, 세계 기
축 통화로서의 지위를 계속 고수하고 있다. 유로화도 점차 점유
율을 높여 19%를 차지하고 있지만, 엔화의 점유율은 5%로 답
보 상태에 있다.

　동아시아 국가들은 미국 달러화에 의존하는 것이 리스크가

국가명	외환 보유액	국가명	외환 보유액
일본	818.0	인도	119.4
중국	470.6	싱가포르	101.6
대만	230.1	독일	93.6
한국	167.0	러시아	87.9
홍콩	120.8	미국	83.1

표 6-6 세계 주요국의 외환 보유액(2004년 7월말 현재, 단위: 10억 달러)

출처: 한국은행 자료

높다는 사실을 잘 알고 있으면서도 왜 미국 달러화에 의존할 수밖에 없는 것일까. 동아시아 국가들에게도 여러 가지 이유가 있겠지만, 필자의 경험으로 보면, 그동안 몇 번이나 기회가 있었음에도 불구하고 "엔화의 국제화"를 위해 노력하지 않은 일본 재무성의 소극적 체질과 장기 전략의 결여에도 문제가 있다고 본다.

재무성은 일본 경제가 순조롭게 발전하고 있을 때에도 엔화를 국제화의 흐름 속에 내놓기를 꺼려했다. 더구나 일본 경제가 장기 침체에 빠져 있을 때에는 "엔화의 국제화"는 생각지도 못했을 것이다. 그러나 일본 경제도 서서히 장기 불황에서 탈피하고 있으므로, 일본은 아시아의 통화 · 금융 협력을 위해 치앙마이 이니셔티브에 대한 추가 지원으로서 무엇을 할 수 있는지 검토해야 할 것이다.

표 6-6에서 볼 수 있는 것처럼, 2004년 7월말 기준으로 일본 외환 보유액은 세계 최고인 8,180억 달러에 달했다. 일본에 이

어 중국, 대만, 한국, 인도, 싱가포르 순으로 아시아 국가들이 세계 외환 보유액 순위에서 상위를 차지하였으며, 이들 국가들의 외환 보유액은 총액이 2조 달러를 넘는 등 세계 외환 보유액의 약 60%를 차지하였다.

이처럼 최근 동아시아의 외환 보유액이 급증하고 있는 것은 미국의 달러화 약세가 계속되고 있는 가운데 한국, 중국, 일본, 대만을 비롯한 동아시아 국가들이 미국 달러화 매수에 개입하고 있는 것이 가장 큰 요인이다. 예전부터 아시아 국가들의 외환 보유액 수준이 다른 선진국보다 높은 이유는 동아시아 국가들이 수출 활동을 통해 외화를 부지런히 벌어왔기 때문이기도 하다. 그러나 이 귀중한 외환 보유액의 대부분은 자국과 동아시아 지역에 투자되는 것이 아니라 미국의 국채 증권 등에 투자되고 있다. IMF에 따르면, 2003년 10월말 현재, 해외에서 미국 국채 증권 시장으로 흘러 들어간 자금 중 약 60%는 아시아 머니가 차지하고 있다고 한다. 아시아 머니는 미국의 재정 적자를 보충하고, 미국 금융 시장의 금리 상승을 막아 나가는데 기여하고 있지만, 아시아 경제에 있어서는 외화 유출에 지나지 않는다. 중국을 비롯한 동아시아 국가들이 거액을 미국에 투자하면서도, 자국의 발전을 위해 미국에서 리스크가 높은 단기 자본을 포함한 거액의 외화를 도입하는 경향은 바람직하다고 볼 수 없으며, 또다시 통화 위기를 초래할 수도 있다. 이와 같은 맥락에서 본다면, 최근 아시아에서 풍부한 자금을 아시아 지역 내에 장기 투자하기 위해 아시아 자본 시장의 인프라를 정비하고 강화하고자 하는 인식이 확대되고 있다는 사실은 높이 평가할 만하며, 그 일환으로서 최근 부상하고 있는 것이 "아시아 채권 시장"에 대한 구상이다.

(2) "아시아 채권 시장"에 대한 구상과 그 전망

필자는 1990년대에 OECD 사무국에서 "아시아와의 대화"를 담당하면서, 아시아 자본 시장의 인프라 강화를 위한 세미나를 싱가포르, 방콕 등 아시아 주요 도시에서 개최했다. 그때 느낀 점은 동아시아의 NIES라 불리던 싱가포르, 태국, 말레이시아에서도 자본 시장의 인프라가 상당히 취약하여 주식 시장이나 채권 시장이 거의 발전하지 않았다는 것이다. 필자는 동아시아가 어떻게 이와 같이 취약한 자본 시장과 금융 시장에서 경제 발전을 이룰 수 있었는지 의아하게 생각했다. 이들 동아시아의 NIES는 건실한 재정과 양호한 경제 기반을 갖고 있었기 때문에 해외 직접 투자를 끌어들일 수 있었으며, 인프라 정비에 필요한 자금도 해외로부터 쉽게 조달할 수 있었다. 이 때문에 국내에서는 거의 국채를 발행하지 않았고, 따라서 국내 채권 시장도 발달하지 못하였던 것이다. 이것이 바로 아시아 통화 위기의 원인 중 하나였다. OECD는, 이처럼 경제 성장률은 높지만 자본 시장이 아직 정비되지 않은 동아시아 NIES에 자본 자유화에 대한 압력을 가했으며, 이 또한 아시아 통화 위기의 원인 중 하나였을 것이라고 생각된다. 그런데 OECD는 아시아 통화 위기 후에도 여전히 동아시아의 NIES가 일찍이 자본 시장을 자유화했더라면 아시아 통화 위기를 피할 수 있었을 것이라고 말하고 있다. 그러나 필자는 자본 시장의 인프라 정비가 이루어진 후에 자본 시장의 자유화가 추진되어야 한다고 생각한다.

2002년 10월, 태국의 탁신 수상(당시)은 "아시아 채권 시장 Asian Bond Market" 구상을 내놓은 바 있다. 이 구상은 2000년 5월의 치앙마이 이니셔티브와 마찬가지로 태국에서 제안되었으며, 태국 중앙은행의 "아시아 채권 펀드Asian Bond Fund" 구상이 그 기초가 되었다고 전해진다. 그 후 2003년 6월, 동아시아·오세아니아 중앙은행 간부 회의에서 "아시아 채권 펀드"가 설립되었다.

"아시아 채권 시장" 구상의 기본 취지는 동아시아 역내의 윤택한 자금을 역내 투자에 충당하자는 것이다. 채권의 등급 설정과 결제도 역내에서 시행하게 됨에 따라 앞으로는 기채起債도 미국 달러화 표시가 아닌 역내 국가들의 통화 또는 합성 통화 표시로 할 것을 목표로 삼고 있다. 아시아와 호주, 뉴질랜드의 11개 중앙은행 및 통화 당국[28]이 외환 보유액의 일부를 갹출하여, 이 기금을 기반으로 동아시아 기업이 발행하는 미국 달러화 표시 채권을 사들인다는 구상으로, 기금의 규모는 10억 달러에 달한다. 동아시아 국가들이 보유하고 있는 외환 보유액이 2조 달러 수준에 달하면, 안전성이나 유동성에만 중점을 둔 미국 국채뿐만 아니라, 어느 정도 리스크는 있어도 수익성과 장래성을 중시한 아시아 채권에 대한 구입도 중요해질 것이다.

"아시아 채권 시장" 구상에는 기금 갹출 등을 포함하여 중앙은행이 주로 참석하고 있지만, 이 구상에 대한 일본의 태도, 특히 재무성의 태도는 적극성이 결여되어 있다. 2002년에 태국이 "아시아 채권 시장" 구상을 제안한 후, 2003년 8월에 방콕에서 열린 아세안＋3 재무장관 회의에서 일본의 재무성은 한국과 태국의 재무부와 함께 적극적인 자세를 보였다. 그러나 최근 일본 재무성의 태도는 상당히 소극적인 양상을 보이고 있다. 이 구상이 아시아 통화 위기의 반성으로서 태국에서 제안되었다는 점과, 향후 아시아 통화권의 육성으로 이어질 것이라는 점을 생각한다면, 일본은 이 구상을 보다 적극적으로 추진해야 할 것이다. 일본이 더 진지하게 대 아시아 외교를 생각하고 있었고, 비전과 전략을 갖고 있었다면, 아시아 통화 위기가 발생하기 전에 아시아 채권 시장 구상을 제안하고, 아시아 통화 위기를 막을 수 있었을 지도 모른다. 또한 이번 구상도 태국이 아니라 일본이 제안하였을 수도 있었을 것이다. 일본 재무성이 "아시아 채권 시장" 구상 문제에서도 미국 때문에 소극적인 자세를 취하고 있다는 사실을 안타깝게 생각하는 것은 필자뿐만이 아닐 것이다.

(3) "아시아 공동 통화권"의 성립을 향하여

치앙마이 이니셔티브를 시작으로 "아시아 채권 시장" 형성을 향한 움직임이 보이고 있는 지금, 과연 통화 · 금융 협력의 최종 목표인 "아시아 통화권" 성립은 가능할까.

동아시아에서는 역내 경제의 상호 의존 관계가 심화되고 있으며, 동시에 분업 체제도 확립되고 있다. 또한 치앙마이 이니셔티브에 의해 아세안＋3 형태의 금융 협력이 추진되었으며,

아세안+3에서 통화 안정을 위한 상호 감시 등의 정책 논의도 진행되어 왔다. 그러나 "아시아 공동 통화권"의 성립에 있어서 가장 중요한, 통화 면에서의 환율 안정에 관한 지역 협력은 진행되지 않고 있다.

　1997년 아시아 통화 위기가 일어났을 때, 많은 아시아 국가들의 통화는 사실상 미국 달러화에 고정되어 있었다. 그러나 아시아의 미국 달러화 연동제는 아시아의 무역과 투자 관계의 실태를 반영한 것이 아니었으며, 1995년 봄 이후 달러화 강세에 의해 아시아 국가들의 수출 경쟁력이 격감하면서 이것이 1997년 아시아 통화 위기를 초래하는 계기가 되었던 것이다. 이에 대한 반성에서 아시아 국가들은 새로운 통화 체제에 대해 검토해야 했지만, 아시아에서는 여전히 미국 달러화의 연동이 강화되어 가고 있는 실정이다. 그렇다면 앞으로 어떻게 해야 심화되고 있는 아시아 경제의 상호 의존 관계를 반영한 통화 제도를 구축할 수 있을까.

　아시아에 공동 통화 제도를 성립시키는 일은 EU의 유로화 성립 과정과 비교해 봐도 정치적, 경제적으로 더욱 복잡하고 어렵다고 할 수 있다. 통화 문제에 대해 역사적으로 오랜 경험과 지식을 갖고 있는 EU 회원국들도 2002년에 유로화를 발족시키기까지, 1957년 EEC 발족 이후 45년에 걸친 주도면밀한 준비와 어려운 협상 과정을 거쳐 왔다.

　아시아의 공동 통화가 처음부터 EU의 유로화처럼 "통일 통화권"을 목표로 삼는 것은 비현실적이며, 불가능한 일일 것이다. 따라서 우선 아시아의 현실에 맞는 실현 가능한 "공동 통화"를 지향할 필요가 있다. 그러나 현재와 같은 상황에서 목표를 달성하기 위해서는 아시아 국가들 간에 충분한 협의와 주도면밀한 준비, 상호 신뢰 관계 구축이 필요할 것이며, 통화 문제에 있어서도 아시아에서 가장 오랜 역사와 경험을 갖고 있는 일본의 역할이 중요하다고 할 수 있다.

"엔화의 국제화"를 향한 적극적 대응의 필요성

4장에서 분석한 대로 동아시아의 역내 무역 의존도는 점차 증가하고 있으며, 일본과 동아시아 국가들 간에 FTA가 체결되면, 일본의 대 동아시아 무역 관계는 더욱 긴밀해질 것으로 보인다.

그동안 동아시아에서 무역 결제에는 주로 미국 달러화가 사용되었다. 엔화의 사용이 증가하지 않은 이유는 아시아 국가들의 지워버릴 수 없는 "달러 신봉"이 큰 요인이기도 하지만, 현실적으로 엔화 사용에는 규제가 많아 달러화가 훨씬 사용하기 편리하기 때문이기도 하다. 엔화를 사용하기 어려운 이유는 일본 재무성이 엔화를 국제화의 흐름에 노출시키는 데 따르는 리스크를 피하기 위해 취해 왔던 소극적인 정책 때문이라 생각된다.

일본의 대 아시아 수출에 있어서 통화별 결제 비율을 살펴보면 미국 달러화가 46.8%, 엔화가 40.1%, 유로화가 9.4%, 영국 파운드화가 1%, 호주 달러화가 0.9%, 기타가 1.8% 순으로, 엔화 표시 결제가 약 40%를 차지하고 있다(2004년 7월 23일자『아사히 신문』). 이러한 엔화 표시 결제 비율의 증가는 "엔화의 국제화"가 서서히 진행되고 있다는 사실을 나타내고 있다. 현재도 여전

히 미국 달러화 표시에 의한 결제가 엔화 표시 결제를 웃돌고
있지만, 일본과 아시아 국가 간에 FTA가 체결되면 엔화 표시
결제가 더욱 증가할 것으로 기대된다.

장기 전략이 결여된 일본의 대 아시아 통화 외교: ECAFE 시절의 경험

조금 오래된 이야기이기는 하지만, 1960년대 말 유엔 ECAFE 사
무국에서 경험한 사례를 통해 향후 공동 통화권에 대한 대응과
반성의 교재로 삼고자 한다. ECAFE는 1960년대 말부터 70년대
까지 아시아의 통화·금융 문제에 대해 적극적이었으며, 예일
대학의 로버트 트리핀Robert Triffin 교수와 오다와라 켄이치緒
田原涓一 조치上智 대학 교수(당시)를 중심으로 연구를 거듭하면
서 아시아 결제 동맹(Asian Clearing Union: ACU)[29] 구상을 검
토하고 있었다. 이 구상에 따르면, ACU 가입국은 국제 거래 지
불을 불안정한 미국 달러화에 의존하지 않고 다각적으로 결제
할 수 있었으며, 가입국이 국제 수지 적자 국가이더라도 결제
메커니즘이 효과적으로 움직일 수 있도록 설계되어 있었다. 이
구상에 의한 결제는 SDR(IMF의 특별 인출권. 가입국은 이를 대
가로 타국으로부터 외화 또는 자국 통화 차입이 가능하다)과 동
등한 가치를 갖는 아시아 통화 단위(Asian Monetary Unit:
AMU)를 통해 실시하도록 되어 있었다. ECAFE는 이 구상을 통
해 아시아의 역내 무역을 촉진시키려 했던 것이다. ACU는 트리
핀의 안에 기초한 것으로서 ACU로 시작, 발전하여 아시아 지불
동맹(Asian Payments Union: APU)으로, 그리고 궁극적으로는

유로화와 같은 아시아 공동 통화를 만들고자 했다.

그러나 일본 대장성(당시)은 이 구상에 대해 반대하였으며, 이러한 반대로 인해 아세안과 한국도 여기에 참여하지 못하였고, 이 때문에 동시아에서는 빛을 보지 못하였다. 결국 ACU는 1975년 11월 1일 서아시아 6개국[30](이란, 방글라데시, 인도, 네팔, 파키스탄, 스리랑카)만으로 발족되었으며, ACU의 사무국은 이란의 중앙은행에 설립되었다. 서아시아에 의한 ACU는 현재도 존속하고 있으며, 2001년 역내 무역액 총 72억 달러 중 36억 달러의 결제가 ACU를 통해 이루어졌다.

ECAFE의 ACU 제안은 당시로서는 참신하고 야심찬 것이었지만, 사실 ACU 설립에 대한 협상은 오래 전부터 있었던 것으로, 1954년 당시 무역 적자에 고민하고 있던 일본 정부가 제안하고, 1961년에는 오키타 사부로大來佐武郎 등과 같은 지식인들이 아시아 지역 협력의 일환으로서 지역적 지불 구상을 제안한 바 있었다.

그렇다면 왜 당시 일본 대장성은 이러한 역사를 갖고 있는 ECAFE의 ACU 제안에 반대한 것일까.

당시 일본은 사실상 미국 달러권에 소속되기로 결정한 상태였기 때문에, 대장성은 미국 달러화에 의존하지 않는 형태의 ACU를 제안한 ECAFE의 정치성을 문제 삼아 ACU 설립에 강하게 반대했던 것이다. 또한 1965년부터 1975년까지 ECAFE에서 열린 APU 협상에서도 아시아의 많은 국가들이 찬성했음에도 불구하고 일본의 강한 반대 때문에 APU 구상은 빛을 보지 못했다. 당시 대장성은 미국 달러권과의 관계를 유지하기에 급급했기 때문에, ECAFE가 제안한 ACU나 APU 같은 구상은 미국 달러화 의존에서 독립하려는 아시아 국가들의 정치적 의도를 반영한 것으로, ECAFE 사무국의 정치적 편향성을 보여 주는 것이라며 반대했던 것이다. 또한 당시 일본 경제는 고도 성장기로 64년에 OECD에 가입하면서 선진국 진출을 달성한 상태였으며, ACU와 APU 등이 아시아 경제 발전에 도움이 된다 하더라도 겨우 비축한 무역 흑자를 적자 국가를 위해 사용한다면 일본 경제에는 부담이 될 것이라고 우려하였다. 그러나 그 후 무역이 확대되면서 일본은 흑자 환류 정책에 고민하게 된다. 만약 ACU가 설립되었더라면 일본의 대 아시아 무역은 ACU 구상 하에 AMU를 통해 미국 달러화 없이 결제할 수 있었을 것이다.

후일, 당시 ACU와 APU 설립에 반대 결정을 내렸던 대장성의 전 관리는, '만약 ACU, APU 구상이 조금만 더 늦게 제안되었더라면 일본은 이에 찬성했을 것이다. 당시 일본이 좀 더 아시아를 이해하고 ECAFE 구상을 지지했더라면, 일본과 아시아 국가 간의 관계는 보다 상호 보완적으로 발전했을지도 모른다' 라는 취지의 말을 한 적이 있다.

이와 같이 일본은 당장 일본에게 이익이 되지 않을 것이라 생각한 ACU와 APU에는 반대했지만, ECAFE가 설립에 이르기까지 준비했던 "아시아 개발 은행(Asian Development Bank: ADB)"에는 긍정적으로 협력하였으며, 대장성의 젊고 우수한 인재를 ECAFE 사무국에 파견하여 ADB 준비를 담당하게 하였다. ADB는 1966년에 설립되었으며, 대장성은 ACU와 APU에 대해서는 무관심하였지만, ADB에 대해서는 ADB 총재직과 본부의 동경 유치를 모두 확보하고자 했다. 결국 본부는 마닐라로 결정되었지만, 일본은 ADB 총재직을 얻게 되었다. 일본이 ADB에 주력하면서 아시아를 배우고, 아시아 발전에 기여하는 것은 바람직한 일일 것이다. 그런데 ADB의 역대 총재들을 살펴보면, 일본은행 출신의 2대 총재 이외에는 모두 재무성(대장성) 출신이었는데, ADB 총재직이 재무성의 '해외 낙하산 인사처'로서 작용하고 있는 점도 문제가 있다. 일본은 ADB의 최대 출자 국가로서, 일본인이 ADB 총재로 취임하는 것은, 일부 회원국의 비판이 있다고 하더라도 납득이 가지만, 재무성이 ADB의 예산을 담당하고 있다는 이유만으로 직위를 독점하는 것은 문제가 있으며, 보다 넓게 일본 각계에서 우수한 인재를 등용해야 할 것이다. 일본은 ADB를 단순히 낙하산 인사처로 삼을 것이 아니라, 중요한 아시아 통화 외교의 거점으로 보다 전략적으로 이용해야 할 것이다.

당시의 대장성이 ECAFE의 프로젝트 중에서도 ADB에 관심을 갖고 자금과 인재를 투입할 수 있었던 이유는, ADB는 IMF가 참가한 아시아 지역 개발 은행으로, 미국이나 미국 달러화, IMF와의 관계에 있어서 ACU나 APU만큼 ADB를 정치적으로 의식할 필요가 없었기 때문이다.

만약 당시 대장성에 장기적인 전망과 진정한 아시아 중시 정책이 있었다면, ACU는 동아시아에서도 성립되었을 것이며, 동아시아 자본 시장의 인프라도 강화되었을 것이다. 또한 미국 달러화에 대한 의존적 체질에서 탈피하여 1997년 아시아 통화 위기도 피할 수 있었는지도 모른다. 이러한 점에서 보더라도 일본의 아시아 통화 외교는 장기적인 전망에 입각한 전략보다는 단기적인 국익과 정부의 이익에 따라 움직이는 경향이 강했다. 결국, ECAFE에서 지향했던 트리핀 안에 의거한 ACU 구상은 일본의 반대에 의해 동아시아에서는 실현되지 못했지만, 서아시아에서는 효과적으로 활용되고 있다. 그리고 더욱 중요한 사실은 ACU 구상이 유럽 통화 통합 과정에서 활용되어 2002년 유로화 발족으로 이어졌다는 것이다.

1960년대 말에 보였던 일본의 미국 달러화 중시 체질은 기본적으로 40년 가까이 지난 현재에도 크게 변화하지 않았으며, 오히려 더욱 심화되고 있는 것 같다. 아시아 통화 위기 때 대장성(당시)이 내놓은 AMF 구상은 시의적절하고 내용도 우수했지만 미국 재무부의 한마디에 무산되어 버렸다. 그 후에도 일본은 신 미야자와 구상, 치앙마이 이니셔티브 등을 통해 적극적인 자세로 임했지만, "아시아 채권 시장" 구상 등 아시아의 지역적 통화 · 금융 협력이 구체화되자 일본의 대응은 불투명한 양상으로 변했다. 이는 외무성과 마찬가지로, 재무성도 미국의 영향력을 느끼면 결국 미국 달러화 중시 정책으로 다시 돌아가는 체질에서 벗어나지 못했기 때문일 것이다.

이러한 소극적인 태도가 계속되는 한 "엔화의 국제화"는 진척될 리 없을 것이며, 엔화를 중심으로 한 "아시아 공동 통화권"의 길은 멀기만 할 것이다. 이러한 상황을 반영하듯, 일본의 외환 보유액은 세계 최대인 8,000억 달러 대에 달하고 있음에도 불구하고 세계의 전체 외환 보유액 중 엔화 보유 점유율은 5%에 불과한 상태로, 달러화 65%, 유로화 19%와 큰 차이를 보이고 있다.

현재 상태로 본다면, 엔화의 지위는 미국 달러화와 유로화에 비해 상당히 낮은 상태이며, 엔화가 미국 달러화, 유로화와 함께 세계 3극 통화 체제의 1극을 담당하기는 역부족이다. 엔화의 지위가 국제적으로 취약해진 최대 원인은, 재무성의 "엔화의 국제화"에 대한 소극적 자세와 미국 및 달러화 중시 정책, 그리고 아시아를 경시하는 통화 외교 정책 때문이라고 할 수 있다. 일본이 "아시아 공동 통화권"을 구축하는 데 있어 지도적인 역할을 수행하기 위해서는 엔화의 국제적 지위 향상 등 기본적인 발상의 전환이 요구된다.

중국 위안화의 절상 문제 — 일본의 대응

중국 경제의 비약적인 발전 및 수출 경쟁력 강화와 더불어 최근 중국 위안화 절상론이 화제가 되고 있다. 2003년 2월, G7 재무장관·중앙은행 총재 회의에서 시오카와塩川 재무장관(당시)은 위안화 절상의 필요성을 시사하였으며, 이에 미국이 동조하면서 국제적으로 주목을 받게 된 것이다. 또한 같은 해 6월 16일, 미국의 스노 재무장관은 "중국 정부는 위안화를 시장을 기준으로 한 변동 환율제로 이행시킬 의향이 있다고 파악되며, 우리도 이를 지지한다"라고 발언하였는데, 이 발언이 중국 위안화 절상론을 증폭시켰다. 그러나 이에 대한 중국 측의 반응은 위안화의 안정을 유지하고자 하는 정책에는 기본적으로 변함이 없으며, 현재 상태로는 위안화를 절상할 의향은 없다는 것이었다.

일본은 위안화 절상 문제를 국제적으로 이슈화시켰으며, 이 문제의 해결에 미국의 압력을 이용하려 했다. 여기서 필자가 문제시하는 것은 위안화 절상론에 불을 붙이기 전에 그 의미를 일본 재무성에서 충분히 검토하였는가 하는 점이다.

첫 번째로, 필자는 아시아 통화 위기의 경험으로 볼 때, 중국은 자본 시장의 인프라가 충분히 정비될 때까지는 성급히 외환 시장의 자유화를 단행해서는 안 된다고 생각한다. 만약, 중국이 통화 위기에 빠질 경우, 그 영향력은 1997년 아시아 통화 위기 때와는 비교할 수도 없을 것이며, 일본에 미치는 영향도 훨씬 더 클 것이다. 물론 중국도 언젠가는 위안화를 절상하여 변동 환율 제도로 이행할 수밖에 없을 것이다. 그러나 그 시기는 중국이 스스로 결정해야 할 것이다.

두 번째로, 중일 무역 관계를 생각해 볼 때, 위안화가 절상되면 중국의 대일 수출품 가격이 올라가, 일본 국내 산업의 일부는 보호받을 수 있다. 그러나 중국 현지에 진출할 일본 기업이 생산한 제품을 일본으로 역수입하거나 직접 해외로 수출하는 경우에는 일본 기업에게도 이익이 되지 않을 것이다. 또한 일반적으로 위안화 강세가 세계 수출 시장에서 일본 수출 산업에 이익이 될 것이라고 생각하기 쉽지만, 일본의 주력 공산품 또는 서비스의 수출에 있어서 중일 간의 경합 관계는 아세안-중국 간의 경쟁 관계만큼 그리 치열하지 않기 때문에, 위안화 강세가 일본의 수출에 그리 큰 이익이 되지는 않을 것이다.

세 번째로, 일본과 중국은 모두 미국 시장을 주요 수출 시장으로 삼고 있으며, 현재 중국과 일본은 대미 흑자국의 1, 2위

자리를 차지하고 있다. 일본은 미국 달러화에 대한 엔화 강세를 저지하기 위해 대대적인 환율 개입을 하고 있으며, 그 결과 팽창한 외환 보유액은 미국으로 환류되고 있다. 중국도 일본과 거의 같은 정책을 취하고 있기 때문에 일본이 중국을 일방적으로 비판하는 것은 합리적이지 않다. 미국이 중국에게 위안화 절상을 요구하자, 그 보복 조치로서 중국이 일본에게 엔화 절상을 요구한 것은 당연한 결과라고 볼 수 있다. 그렇다면 과연 일본 재무성은 이러한 점까지 생각해 본 후에 미국에게 위안화 절상을 시사한 것일까.

네 번째로, 제2차 세계대전 후 일본 경제의 복구 과정을 뒤돌아보면, 1949년에 엔화 환율이 1달러=360엔으로 설정된 이래, 1971년 닉슨 쇼크 때까지 22년간 유지되었다. 일본이 세계 제2의 경제 대국으로 발전한 이유도 이와 같이 장기간에 걸쳐 동일한 환율을 유지할 수 있었기 때문이라고 할 수 있다. 중국은 1979년 이후 비약적인 경제 발전을 이루어 경제 대국이 되었지만, 아직도 하루에 1인당 1달러 이하로 생활하는 최빈곤층 인구가 2억 명이나 존재하고 있다. 따라서 미국과 일본도 중국 경제를 선진국 기준에서만 볼 것이 아니라 보다 장기적 시각에서 중국 경제의 자유화를 지켜봐야 할 것이다.

다섯 번째로, 필자의 OECD에서의 경험으로 볼 때, 1995년경의 중국 런민은행은 직원 수준도 낮고 허술하다는 느낌이 들었다. 당시 중국은 WTO에 가입한 지 얼마 안 된 상태로, 무역의 자유화뿐만 아니라 자본 시장의 자유화, 환율 문제 등에서 극복해야 할 수많은 과제를 안고 있었다. 그러나 최근 수년간

런민은행의 젊은 직원들의 수준이 상당히 향상되고 있으며, 중
국 대학 및 연구소의 젊은 연구자들 중에서도 금융 전문가가
양성되고 있다. 중국은 컬럼비아 대학의 로버트 먼델Robert
Mundell 교수(노벨 경제학상 수상자)와 같은 금융 전문가를 초
청하여 젊은 연구자를 육성하고자 힘쓰고 있으며, 중국 정부도
환율 문제에 대해 여러 가지 조언을 얻고 있다. 2004년 9월말
워싱턴에서 개최된 G7 재무장관·중앙은행 총재 회의는, 처음
으로 중국 재무장관과 런민은행 총재를 초청하여, 위안화 문제
등에 대해 의견을 교환했다. 이와 함께 일본은행과 런민은행 간
에 교류 관계가 두터워지고 있다는 사실은 바람직한 일이며, 일
본도 아시아의 선진국으로서 금융 면에서 도움을 제공해 나가
야 할 것이다.

"아시아 공동 통화권"을 향한 길

지금까지 설명한 대로, 현재 상태에서 "아시아 공동 통화권" 성
립을 향한 길은 멀기만 하다. 그러나 효과적인 "아시아 경제 공
동체"가 기능하기 위해서는 정비된 "아시아 공동 통화권"이 구
축되어야 한다. 그러나 현 상태에서는 아시아에 EU와 같은 통
화 통합은 경제적, 정치적으로 기대할 수 없다. EU는 유로화 참
가 조건으로서 인플레이션 비율, 장기 금리, GDP에서 차지하
는 재정 적자 비율(3% 이내), GDP 대비 누적 채무 잔고(60% 이
내) 등 이른바 수렴 기준convergent criteria을 부과하고 있다.
이러한 엄격한 기준을 통과할 수 있는 국가는 현재 아시아에는
존재하지 않는다. 일본도 거액의 재정 적자를 안고 있어 낙제

수준인 상황이다. 이러한 아시아의 상황에서는, 우선 현 상황을 잘 인식하여 가능한 형태의 "아시아 공동 통화권" 성립을 지향할 수밖에 없다. 아직도 금융 · 자본 시장의 인프라가 취약한 아시아에서는 EU와 달리 "공동 통화권" 육성 과정에서 아시아 통화 위기의 재발을 막는 데 중점을 두어야 할 것이다.

"아시아 공동 통화권"을 구축하기 위해서 다음과 같이 제안하고자 한다.

첫 번째로, 앞에서 언급한 "아시아 채권 시장" 구상을 실현하고 발전에 힘쓰면서 금융 자본 시장의 인프라를 정비해야 한다.

두 번째로, 동아시아 국가들 간의 환율 정책에 대한 협조를 도모해야 한다.

IMF에 따르면, 동아시아 국가들의 환율 정책은 다음과 같은 4개 그룹으로 크게 나눌 수 있다.

독립 변동 환율제 — 일본, 한국, 필리핀
관리 변동 환율제 — 태국, 인도네시아, 베트남, 캄보디아, 미얀마, 라오스
달러화 연동제 — 중국, 말레이시아
통화 바스켓제 — 싱가포르

그리고 중요한 사실은, 이미 언급하였듯이 이와 같이 다른 4가지 제도 하에서도 동아시아의 대부분 국가들은 실제로 미국 달러화와의 연동을 의식하면서 환율 시세를 운용하고 있다는

것이다. 이러한 상황에서 아세안+3 재무장관 회의는 환율 시세 조정을 협의하고, 각국의 환율에 대한 조사와 감시를 확실히 할 필요가 있다.

세 번째로, 일본은 아세안+3 재무장관 회의에서 "아시아 공동 통화권"의 조기 성립을 위해 통화 당국자 및 전문가에 의한 연구회 설립을 제안하고, 엔화 등이 중심이 된 아시아 통화 바스켓제에 대한 검토를 시작해야 한다.

현재, 향후 과제인 아시아 공동 통화에 대해 말레이시아의 압둘 장관 등 아시아의 정치 지도자와 통화 당국에 의한 발언과 제안이 속출하고 있다. 현재 아시아에서 유일한 G8 회원국인 일본은 아시아의 통화 안정을 위해서도, 또한 아시아 통화 위기의 재발을 방지하기 위해서도 리더십을 발휘해야 할 것이다. 1998년에 미야자와 재무장관(당시)은 아시아 국가들에게 통화 바스켓 제도를 제창하였지만, 그 후 구체적인 움직임은 보이지 않았다. 현재, 아시아의 통화 바스켓 제도에 관해서는 다음과 같은 제안이 나와 있다.

(i) 미국 달러화, 유로화, 엔화 등 3가지 주요 통화에 의한 바스켓 제도

이들 3가지 주요 통화의 비율을 각각 3분의 1로 설정하는 방식, 또는 미국 달러화를 40%, 유로화와 엔화를 각각 30%로 설정하는 방식은 아시아가 실질적으로 미국 달러화와 연동하고 있다는 점에서 본다면 현실적으로 가장 실시하기 쉬운 방식일 수도 있다. 또한 미국 달러화 지배에 의한 불안정 요인을 엔화와 유

로화로 중화시키고, 엔화와 유로화의 불안정 요인을 미국 달러
화로 중화시킬 수 있다는 장점이 있다. 그러나 미국 달러화와
유로화는 어디까지나 아시아의 역외 통화일 뿐이며, 아시아 국
가들이 이들 통화를 아시아 통화 바스켓에 포함시킨다면 그 후
로는 미국 달러화와 유로화에 대한 의존 체질로부터 벗어나기
어려울 수 있다.

(ii) 아시아 통화 바스켓 제도

"동아시아 경제 공동체"의 골격이 될 통화 체제를 확립하기 위
해서는, 장기적으로 볼 때 미국 달러화, 유로화, 엔화에 의한 통
화 바스켓 제도가 아닌, 아시아의 독자적인 통화 바스켓 제도가
필요하다. 이를 달성하는 일은 현재로서는 결코 쉽지 않을 것이
며, 회원국에 의한 주도면밀한 준비와 협의, 나아가서는 회원국
의 지도자들에 의한 정치적 결단이 있어야 한다. 특히 중국과
일본의 협조는 불가결하다고 할 수 있다.

이상에서 "아시아 공동 통화권" 성립을 위한 제안을 했지만, 필
자는 일본이 아시아 통화 문제에서 더욱 적극적인 리더십을 발
휘해 주길 바란다. 아시아 통화 위기의 구제 조치에 있어서는
신 미야자와 구상을 비롯하여 적극적으로 이니셔티브를 취해
온 일본이지만, 그 후 존재감이 희박해지고 있는 듯한 인상은
부정할 수가 없다. 이에 비해 중국은 국제 통화 문제에 있어 일
본보다 훨씬 역사가 짧고 경험도 적은 개발도상국임에도 불구
하고 최근에는 발언권을 확대하고 있다. 중국 세계경제연구소

의 위융딩余永定 소장은, 앞으로 국제 금융 제도의 3가지 주요 통화는 유로화, 미국 달러화, 아시아 공통 통화여야 한다며, 이를 달성하기 위해서는 중국과 주변 국가들이 협조해야 한다고 말했다. 또한 최근 중국 런민은행 간부는 중국을 방문한 일본의 자민당 간부에게 아시아 공동 통화에 대한 검토를 거론하여, 이러한 논의 주제를 예상하지 못했던 일본 측을 놀라게 했다고 한다. 중국의 "아시아 공동 통화권" 문제에 대한 실행력은 현재로서는 미지수이지만, 위안화의 가치가 상승함에 따라 아시아에서도 중국의 발언권이 확대될 것은 명백한 사실이다. 일본이 이전과 같이 장기 전망을 결여한 소극적 태도로 일관한다면 통화 문제에서도 중국에게 밀려 그에 대응하기에 급급할 수밖에 없다. 아시아 통화 바스켓 제도를 통해 아시아가 향후 미국 달러화와 유로화에 대응할 수 있는 통화권을 구축한다면, IMF에서도 아시아의 존재성을 확고히 하고 발언권을 증가시킬 수 있을 것이며, 이는 일본에게 있어서도 바람직한 일일 것이다. 따라서 일본은 대 아시아 통화 외교에 더욱더 힘써야 할 것이다.

7. 나아가 "동아시아 공동체"를 향하여

(1) 경제 통합의 역동성

지금까지 4, 5, 6장 세 장에 걸쳐 "동아시아 경제 공동체"의 경제적 가능성에 대해 검토하였으며, 이를 성립시키기 위한 구체적 제안을 했다. 동아시아 경제에는 "경제 공동체"를 설립하는데 충분한 경제 규모와 경제적 잠재성이 있으며, "경제 공동체"를 실현시킬 역동성이 있다는 사실을 여러분도 충분히 이해했을 것이라 믿는다.

실제로 "경제 공동체" 성립의 근간이 될 FTA와 EPA가 예상 이상으로 급속히 진전되고 있다는 사실은 기뻐할 만한 일이다. 이대로 나아간다면 한국–아세안, 중국–아세안, 일본–아세안의 형태일지라도, 2010년경까지는 아세안+3 간의 FTA를 중심으로 한 EPA가 체결될 것으로 보인다. 또한 이것이 언젠가는 수렴되면서 또 다른 형태의 "경제 공동체"가 형성될 가능성도 높으며, 그 시기는 예상 외로 빨리 찾아올지도 모른다. 이와 같이 동아시아 국가들은 각기 다양한 정치적, 경제적 문제를 떠안고 있기는 하지만, 지역적 경제 통합의 역동성은 쇠퇴할 줄 모른 채 가속화되고 있으며, 이러한 역동성이 동아시아의 정치 통합으로 연계되어 갈 가능성은 충분히 크다. 필자는 이 책의 집필을 생각하기 시작한 무렵부터 동아시아 경제 통합의 움직임에 대해 자세히 연구, 분석해 왔으며, 동아시아의 지역 통합은 경제 통합의 역동성과 그 역동성에 의해 창출된 정치적 협력 관계가 상호 작용하여 진행되어 왔다고 생각한다.

이러한 동아시아 지역 통합의 움직임 속에서 항상 중심적 역할을 해온 것은 아세안이었다. 더구나 최근에 아세안은 아세안+3 형태를 초월하여, 미국을 비롯하여 인도까지 끌어들이는 흡입력을 갖고 있다. 아세안의 정치적 안전 보장을 목적으로 한 "동남아 우호 협력 조약"(TAC)에 아시아 경제 대국인 일본, 중국, 인도까지 가입시킨 사실이 이를 잘 설명해 주고 있다. 또한 아세안은 대외적인 적극적 지역 통합 정책뿐만 아니라 아세안 역내의 정치적 · 경제적 결속을 강화하기 위해, 2003년 10월 발리 아세안 정상 회의에서 인도네시아의 발의에 의해 다음과 같은 3가지 공동체 설립을 위한 선언을 채택한 바 있다.

① "아세안 안전 보장 공동체"
② "아세안 경제 공동체"
③ "아세안 사회 · 문화 공동체"

아세안은 원래 동아시아에서 대국의 정치력과 군사력으로부터 자기를 방어하며, 자신들의 정치적 정체성을 찾기 위해 발족한 지역 통합체이다. 따라서 아세안이 아시아 통화 위기 이후 적극적으로 추진해 온 아세안+3 형태의 지역적 경제 통합의 움직임도 점차 경제 영역을 초월하여 안전 보장을 포함한 정치적 형태로 발전할 가능성이 있다.

또한 6장에서 설명했던, 중국이 제안한 "동아시아 정상 회담"이 정기적으로 열리게 되면, 앞으로 아세안+3 정상 회담은 아세안 정상 회담에 부수적으로 개최되는 것에서 탈피하게 되며, 그 주제는 동아시아 지역 통합 문제로 집약되어 갈 것이다. 그리 된다면 동아시아의 지역 통합 움직임은 단순한 경제 문제를 초월하여 정치 문제로 발전될 가능성이 높다. 동아시아의 지역 통합이 이와 같이 급속도로 진행됨에 따라, 일본은 새롭게 파생될 사태에 어떻게 대응할 것인가에 대해 충분한 전망과 준비가 필요할 것이다. 예전과 같은 임시방편의 대응으로는 일본의 국익을 크게 훼손할 수 있다.

또한 "동아시아 정상 회담"의 정기적 개최는 아세안+3의 정상들이 빈번한 회의를 통해 정상들 간의 상호 신뢰 관계를 심화시킬 수 있는 절호의 기회이기도 하다. 그러나 지금과 같이 역사 인식 문제나 야스쿠니 신사 문제, 그리고 센카쿠 열도를 둘러싼 대립 등이 계속되면서, 중국과 일본의 정상들이 상호 방문조차 하지 않는 상태로는 큰 성과를 기대할 수 없을 것이다. 게다가 중일 간의 불필요한 패권 대립은 동아시아뿐만 아니라 세계 정치 경제의 파란 요인이 될 수도 있다.

이미 6장에서 문제 제기를 했듯이, 21세기에 중일 양국이 환경, 에너지, 농업, 통화 분야에서 서로 협력하지 않는다면 효과적인 "동아시아 경제 공동체"는 성립되지 못할 것이며, 더 나아가 "동아시아 공동체"는 도저히 창출할 수 없다. 이러한 사실로 미뤄 본다면, 동아시아 지역 통합 성공의 열쇠를 쥐고 있는 것은 중국과 일본이라 할 수 있다. 중국과 일본의 지역 경제 협력이 창출하는 역동성이 "동아시아 공동체" 성립을 위한 정치적 계기가 될 수 있을지는 중일 정상들의 리더십에 달려 있다는 것이다.

고이즈미 총리는 제2차 고이즈미 내각에서도 "우정 민영화"에 정치 생명을 걸고 있지만, 이는 내정 문제일 뿐이다. 필자는 일본의 미래에 있어 보다 중요한 정치적 외교 과제라 할 수 있는 중일 관계 개선을 위해 고이즈미 총리가 보다 진지하게 정치 생명을 걸고 노력해 주길 바란다.

(2) 동아시아의 정체성 확립 — 열린 "공동체를 향하여"

"동아시아 공동체"의 성립은, 동아시아를 세계 경제의 3극 구조 속에서 가장 역동적이고 발전성이 풍부한 한 극으로 만들 것이며, 세계에서 동아시아의 경제적, 정치적 정체성을 높이는 데 기여할 것이다. 그리고 "동아시아 공동체"는 열린 공동체로서 발전해 나갈 것이다.

아세안, EU, NAFTA 등의 지역 통합 성립 과정을 보더라도, 우선 초기 단계에는 회원국을 결정하고 배타적인 형태로 통합

기반을 다진 후, 경제적, 정치적으로 안정된 지역 통합체로서의 정체성을 확립한 단계에서 서서히 보다 열린 지역 통합체로 이행해 나가는 것이 일반적인 경향이다.

마찬가지로 "동아시아 공동체"도 아세안+3 형태로 발족한 후, 공동체로서의 경제적, 정치적 정체성을 확립한 단계에서 회원국을 늘리고, 일본이 제창하는 "동아시아 커뮤니티" 멤버로 예정되어 있는 호주, 뉴질랜드, 그리고 이미 아세안과 FTA 협상을 시작하였으며, 중국, 일본과도 경제 협력을 강화하고 있는 인도를 새로운 멤버로 끌어들이는 방법을 고려해 볼 수 있을 것이다. "동아시아 공동체"가 이와 같이 확대되면, 공동체로서의 흡입력도 더욱 증가할 것이며, 회원국 또는 참관국으로서 새로운 국가들이 참가할 가능성도 생길 것이다. 홍콩과 마카오와 더불어 대만도, 현재는 정치적인 문제가 있기는 하지만, 언젠가는 참관국으로 참가할 수 있을 것이다. 또한 북한도 현재 진행 중인 6자 회담이 성공하여 국제 사회로 복귀하게 되면, 참관국으로서의 참가를 인정해야 할 것이다. 이들 국가들의 참여는 동아시아의 정치적 안정 보장과 크게 관련된 문제이며, "동아시아 공동체"가 향후 극복해야 할 중요한 정치적 과제이기도 하다. 또한 북쪽에서는 북아시아의 몽골과 현재 EU, NATO, OECD의 어디에도 가입하지 않은 러시아가 관심을 보일 가능성도 있다. 또한 서쪽에서는 인도가 가입하게 된다면 파키스탄, 방글라데시, 스리랑카 등도 참가를 요구해 올 가능성이 충분히 있다. 그리 된다면 "동아시아 공동체"는 이제 동아시아를 넘어서 "아시아 공동체"로서 발전해 나가게 될 것이다. 이는 결코 실현 불가능한 이야기가 아니라, 21세기 초에 일어날 수 있는 시나리오라 할 수 있다.

이와 같이 21세기에 세계는 크게 구분하여 미국, 유럽, 아시아의 3극을 중심으로 확대되어 나갈 것이며, 동시에 3극 간 상호 관계도 점차 심화될 것이라고 생각된다. 또한 이것이야말로 세계화가 초래한 결과라고 할 수 있을 것이다.

"동아시아 공동체"의 대외 관계에 있어, 일본과 동아시아 국가들의 최대 걱정거리는 미국과의 관계일 것이다. 필자는 이 문제에 대해 다음과 같은 두 가지 시나리오를 그릴 수 있다고 생각한다. 첫 번째는 "동아시아 공동체"와 미국을 중심으로 한 FTAA(미주 자유 무역 지대)와의 연계 협정 체결이며, 두 번째는 미국이 이미 아세안 주요국들과 체결한 양자간 FTA의 확대이다. 두 번째와 관련해서는, 2004년 5월 미국 국제경제연구소의 프레드 버그스텐 소장이 미일 FTA 구상을 제안한 바 있다. 이 제안에 대해 일본 일부에서는, 앞으로 일어날 수 있는 "중일 FTA"에 대한 견제를 의도한 것이라는 주장도 있지만, 미국이 진지하게 일본과의 FTA 체결을 고려하고 있다면 일본도 그 가능성을 검토해 봐야 할 것이다.

(3) 아시아로부터 글로벌 스탠더드의 발신: 신세계 질서에 대한 공헌

현재, 세계화 아래서 세계 경제 질서는, 월스트리트와 그 금융 자본을 기반으로 한 미국 재무부, 그리고 미국 재무부의 지배하에 있는 IMF(국제통화기금)가 삼위일체가 되어 움직이고 있는 이른바 "워싱턴 컨센서스"에 의해 형성되고 있다. 이러한 견해는 현실의 복잡한 세계 경제를 너무 단순화시키고 있으며, 또한 정치적 편견이 있다는 비판도 있다. 그러나 필자가 OECD 사무국에서 근무할 당시, 미국 재무부 출신의 어떤 간부는 간부회의 석상에서 "미국 재무부의 정책은, 비록 그것이 국내 정책이라 할지라도 항상 유럽, 아시아, 라틴아메리카에 대한 영향력을 고려하며, 미국의 세계 전략의 일환으로서 작성되었다"라고 말해 그 자리에 참석한 OECD 간부들을 경악케 한 적이 있었다.

아시아 통화 위기 때 아시아에 고통을 안겨준 미국 재무부와 IMF의 대응을 보더라도 그 배경에 있는 "워싱턴 컨센서스"의 영향력을 실감할 수 있다. 워싱턴에서 발신되는 글로벌 스탠더드 전부를 부정하는 것은 아니지만, 부시 정권의 극단적 독단주의로 대표되는 미국의 국익 하에서 현재의 세계 정치, 경제가 지배되는 것은 위험하다.

워싱턴의 글로벌 스탠더드에 충분히 대항할 수 있는 새로운 기준을 갖고 있는 세력countervailing power은 아직 존재하지 않는다. 그러나 확대된 EU가 지금 목표로 하고 있는 정치, 외교, 군사 등 각 분야에서의 통합이 진행된다면, 가까운 미래에 EU는 워싱턴의 글로벌 스탠더드에 대항할 수 있는, 유럽의 글로벌 스탠더드를 갖는 세력이 될 것이다. 이와 같이 유럽으로부터 제2의 글로벌 스탠더드가 생기는 것은 환영할 만한 일이다. 또한 "동아시아 공동체"가 공동체로서의 결속력을 강화하여 아시아의 정치적, 경제적 정체성을 확립함으로써 제3의 글로벌 스탠더드를 발신할 수 있는 세력으로 성장하기를 크게 기대하는 바이다. 21세기에는 세계가 3극 구조 하에서 보다 균형 잡힌 신세계 질서를 창출하여, 그 질서 하에서 함께 발전해 나가야 할 것이다.

또한 아시아의 대국인 중국, 일본, 인도가 불필요한 패권 싸움을 지양하고 서로 협력한다면 세계의 정치, 경제에 큰 영향력을 갖게 될 것이며, 신세계 질서에 기여할 수 있는 세력으로 성장해 나갈 것이다. 예를 들어, 국제 정치 질서에서 가장 중요한 기관인 유엔 안전보장이사회의 개혁에 있어서도, 아시아 그룹 중 일본과 인도가 새롭게 상임이사국이 된다면, 아시아에서는 중국, 인도, 일본 3개국이 상임이사국 자리를 차지하게 되어 아시아의 위상을 드높일 수 있을 것이다. 만약 그리 된다면, 일본은 유엔 시스템 상, 아시아 그룹의 대표로서 선출되는 것이며, 미국의 대변자로서 선출되는 것은 아니라는 사실을 분명히 인식해야 할 것이다.

또한 국제 경제 · 통화 · 개발 분야에서 가장 중요한 국제기관인 IMF와 세계은행에서도 일본, 중국, 인도가 협력한다면 아시아의 위상을 크게 높일 수 있다. IMF와 세계은행에서의 일본의 발언권은 세계 제2의 경제 대국임에도 불구하고 상당히 약하며, 결국 IMF와 세계은행은 미국 및 유럽연합이 지배하는 국제기관이라 할 수 있다. 실질적으로 IMF는 미국의 지배하에 있어, 총재는 전통적으로 미국이 승인하는 유럽 금융 관계자가 선출되고 있으며, IMF의 제2의 출자국인 일본[31]에서 총재가 선출된 적은 없다. 또한 인도와 중국의 발언권도 약한 상태이다. 앞으로 아시아의 발언권을 높이고 IMF 총재를 아시아에서 배출하기 위해서라도 아시아의 대국인 중국, 인도, 일본의 결속력이 필요하다고 할 수 있다. 유엔 안전보장이사회, IMF, 세계은행에서의 일본, 중국, 인도 3개국의 결속과 협력은 세계의 3극 구조화 속에서 아시아의 위상을 높임으로써 신세계 질서에 크게 기여할 수 있을 것이다.

(4) 지역 안전 보장에 대한 기여

현재 아시아가 떠안고 있는 최대 불안 요인은 안전 보장 문제이다. 북한 및 중국과 대만 문제, 동티모르 분쟁, 인도와 파키스탄 문제 등 아시아 전역에 수많은 위험 요인이 존재하고 있기 때문이다. 게다가 아시아에는 한국-미국, 미국-일본, 미국-필리핀, 미국-대만과 같은 양자간 상호 방위 조약은 있어도, 유럽의 NATO와 OSCE(유럽 안보협력기구)와 같은 지역적, 집단적 안전 보장 기구는 존재하지 않는다. 동남아시아에는 1954년에 미국에 의해 설립된, 8개국으로 이루어진 SEATO(동남아시아 조약기구)가 방콕에 있었지만, 베트남 전쟁 종식 후에는 소멸되어 버렸다.

유럽도 심각한 민족 분쟁을 떠안고 있기는 있지만, 안전 보장 면에서는 체제를 정비하고 있을 뿐 아니라 공동의 안전 보장에 대한 의식 또한 높다. 필자는 1994년 말에 부다페스트에서 개최된 OSCE 총회에 참석할 기회를 얻은 적이 있었다. 이 총회에는 유럽 각국의 정상들과 더불어, 미국에서는 클린턴 대통령(당시)이 참석하여, 러시아의 옐친 대통령(당시), 프랑스의 미테랑 대통령(당시), 독일의 콜 수상(당시)과 유럽의 안전 보장 문제에 대해 진지하게 논의하는 것을 보고 안전 보장 문제가 얼마나 중요한지 깨달은 적이 있다. 현재 EU는 NATO와 더불어 EU의 독자적인 방위군 창설을 검토하고 있는데, 이것은 20세기에 두 차례의 세계대전을 경험한 유럽이 미래를 위해 독자적인 유럽의 지역 안전 보장 체제를 구축하고자 하는 유럽 '공동체 의식'의 표출이라 볼 수 있다. 일본을 포함한 아시아는 이 점을 본받아야 할 것이다.

아세안은 앞서 언급한 바 있는 "아세안 안전 보장 공동체" 구상을 2020년까지 실시할 것을 목표로 검토하고 있는데, 이러한 구상을 "동아시아 공동체"의 틀 안에서 한·중·일, 나아가서 미래에는 북한 및 대만까지 포함하여 확대해 나갈 수 있는 가능성을 검토해 봐야 할 것이다.

미일 안보 동맹, 중일 관계, 한반도의 현황 등으로 미뤄 본다면, 21세기를 살아가는 현 시점에서 한·중·일을 중심으로 한 지역 안전 보장 구상은 상당히 비현실적이고 황당무계한 공상으로 비춰질 것이다. 그러나 필자는, 제2차 세계대전 후 일본인들이 의지해 온 미일 안보 동맹 체제가 미래에도 영구불변할 것인지에 대해 이제는 검증해 보아야 할 때라고 생각한다. 전후 일본인들의 모든 의식의 밑바탕에는 미일 안보 동맹이 깔려 있었으며, 마치 생각이 정지되어 버린 것처럼 모든 정치적, 경제적, 사회적 활동도 그 토대 위에서 구축되어 왔다고 해도 과언이 아니다. 미일 동맹은 일본의 생존과 국익을 위해 자손 대대로 유지되어야 한다는 신앙과도 같은 사고방식은 외무성뿐만 아니라 보수 정치가와 경제인, 학자, 언론인 사이에 널리 퍼져 있으며, 평균적인 일본인들의 전형적인 사고방식이기도 하다.

그러나 21세기 일본을 둘러싼 국제 환경은 크게 변화하고 있으며, 일본이 미일 안보 동맹 체제를 무비판적으로 고수하는 것이 과연 진정한 일본의 국익으로 이어질 것인지는 의문이다. 미일 관계뿐만 아니라 중일 관계, 한일 관계, 나아가서는 아세안을 포함한 변화를 아우를 수 있는 대규모의 새로운 전략이 필요하다고 할 수 있다.

그중 첫 번째는 향후 중미 관계 변화에 대한 대응이라 할 수 있다. 현재 중미 관계는 아직 상호 신뢰에 입각한 긴밀한 관계라고 하기는 어렵지만, 중국 젊은 세대의 미국 지향 경향과 중미 경제 관계의 진전으로 미루어 볼 때, 예상보다 빨리 양호한 관계가 구축될 가능성이 높다. 현재 중국은 대미 중시 정책을 추진 중에 있으며, 이에 호응하는 형태로 미국의 중국에 대한 경계심이 점차 희박해질 가능성은 배제할 수 없다.

두 번째로, 북한을 둘러싼 6자 회담에서도 중국은 미국과 함께 가장 큰 역할을 하고 있다. 중국의 조정자로서의 외교 수완이 없다면, 북한 문제 해결은 어려울 것이다. 6자 회담은 중미 관계를 긴밀하게 하는 하나의 계기가 되고 있다. 또한 6자 회담을 통해 북한 문제가 해결된 후에는, 6자 회담 형태가 동아시아의 지역 안전 보장 체제로서 정착할 가능성이 있다.

세 번째로, 아세안+3 정상 회의가 "동아시아 정상 회담"으로서 정기적으로 열리게 된다면 한 · 중 · 일 정상들도 빈번한

회담을 갖게 될 것이며, 개인적으로도 상호 신뢰 관계는 두터워
질 것이다. 또한 "동아시아 공동체"가 성립되는 과정에서 지역
안전 보장 체제가 논의되기 시작하면 중국과 일본은 서로를 적
대시할 필요성이 줄어들 것이며, 미일 안보의 중요성은 희박해
질 수밖에 없을 것이다.

네 번째로, 과거 미일 외교 정책을 보면, 미국은 정책 전환
이 빠른 편이라고 할 수 있다. 새로운 대통령이 선출될 때마다
전 정권과 180도 다른 정책 전환이 이루어져 국제 협정이 파기
되는 경우도 종종 있었다. 부시 대통령이 2001년에 취임을 하
자마자, 전 정권이 1998년에 서명한 "교토 의정서"로부터 이탈
할 것을 표명한 것도 좋은 예라 할 수 있다.

현재의 일본에게 있어 미일 동맹이 중요하다는 사실은 말
할 필요도 없을 것이다. 그러나 미일 동맹의 성격 또한 동아시
아의 정세, 특히 중미 관계의 변화에 따라 변할 가능성이 충분
히 있다. 또한 "동아시아 공동체"가 성립되어 동아시아 국가들
이 회원국으로서 함께 발전하는 길을 걷게 되면, 일본이 미일
동맹에 의지하여 상대했던 적국들은 이미 적국이 아닌 함께 나
아가는 동반자가 되어 있을 것이다. "동아시아 공동체"는 고유
의 지역 안전 보장 체제를 정비함으로써 역내외 분쟁에 대한
억지력을 갖게 되는 것이다. EU가 EU 자신의 손으로 EU를 지
키려는 것처럼, 동아시아도 자신들의 손으로 동아시아를 지키
고자 하는 의식을 가져야 한다. 이러한 의식을 공유하게 된다면
"공동체" 의식을 더욱 강화시킬 수 있을 것이다.

(5) 21세기 일본의 진로 ― 아시아와 함께 나아가자

이 책을 마무리하면서 필자가 하고 싶은 말은 21세기에는 일본이 약진하는 아시아와 함께, 그리고 아시아의 중심이 되어 전진해 나아가길 절실히 바란다는 것이다. 이는 21세기에 일본이 아시아의 발전과 안정에 더욱 기여함과 동시에 일본 스스로 발전하여 안전을 확보하기 위한 길이기도 하다. 이를 위해서는 지금까지와 같은 안이한 대미 일변도의 외교 자세에서 탈피하여 보다 자주적이고 다각적인 외교를 전개해 나가야 한다. 이것이야말로 21세기에 일본이 목표로 삼아야 할 진로라고 할 수 있다.

옮긴이의 글

역자가 다니구치 마코토谷口誠 선생을 처음 만난 것은 1998년 2월 일본 와세다早稻田 대학 아시아 태평양 연구센터의 초청으로 "한국 경제와 통화 위기"라는 특강을 하러 갔을 때입니다. 맨 앞자리에서 열심히 질문을 하던 한 노신사가 바로 일본의 UN 대사, OECD 사무차장을 지낸, 일본을 대표하는 외교관이었다는 사실을 안 것은 특강이 끝나고 모두 몰려간 조그만 선술집에서였습니다. 많은 이야기를 나누었으며, 그 후부터 저는 다니구치 선생의 열렬한 팬이 되었습니다.

당시 한국은 통화 위기의 엄청난 충격 속에 있었습니다. 기업 도산, 구조 조정, 부실 채권, 해고, 자살, 이혼, IMF, 재벌 개혁, 금융 개혁 등 무겁고 엄청난 단어들이 신문 지상을 도배질하던 때입니다. 한양대학교로 옮기기 전까지 금융권의 이코노미스트로 일하고 있던 저도 한국에 외환 위기가 올 것이라고는 전혀 생각하지 못했습니다. 적어도 97년 9월 정도까지는 그랬습니다. 그해 5월 태국 정부가 대규모 외환 개입을 하기 시작했을 때에도, 그 후 필리핀, 인도네시아, 말레이시아, 홍콩 등으로 점차 위기가 확산되어 갈 때에도 저는 단지 그것이 바다 건너의 아우성일 뿐이라고 생각했습니다. 그러나 그해 11월 한국 정부는 결국 IMF에 긴급 구조를 요청하였으며, 그 다음에는 기억에도 생생한 IMF 한파가 이 땅을 강타하기 시작했습니다. 물론 외환 위기가 발생하기 2년 전부터 한보철강, 뉴코아, 기아자동차 등 많은 기업들이 연쇄 도산하였습니다. 한국 경제가 위기 상황이라는 인식은 분명히 가지고 있었습니다. 그러나 그것이 97년 겨울과 같은 혹독한 '파국'으로 치달을 것이라고는 전혀 예상하지 못했습니다. 그리고 단언하건대 한국의 많은 경제학자들은 거의 저와 같은 정도의 인식을 갖고 있었습니다. 국제 금융 시장의 패닉panic 상태가 한 국가의 안정성을 얼마나 파괴하는가에 대한 명확한 현실 감각이 없었던 것입니다. 아니면 너무나 오랫동안 많은 위기 속에서도 상대적 고성장을 이룩해 온 한국 경제에 대한 과도한 신뢰 때문이었는지도 모르겠습니다.

그 이후부터 "동아시아 공동체," 혹은 "동북아 공동체"라는 단어는 저뿐만 아니라 많은 사람들의 화두가 되었습니다. 그것은 97년 외환 위기라는 초유의 상황을 겪으면서, 동아시아 전체의 지역적 협력이 필요하다는 시대적 집단 의식의 반영이기도 했습니다. 지금까지 이룩해 왔던 동아시아의 경제 발전이라는 자신감과 외환 위기라는 위기감이 상호 교차하면서 "동아시아 공동체"가 하나의 화두로 대두된 것입니다. 그러나 각국의 경제가 안정되기 시작하면서, 또한 중국과 일본 간의 갈등이 고조되면서 이러한 공동체적 질서에 대한 열망은 상당히 약화된 것 같습니다. 빈번한 정상 회담에서의 약속과는 달리 한·중·일의 구체적 협력 안건은 별로 실행되고 있지 않습니다. 아세안 +3(한·중·일)의 틀 속에서도 통화 스왑 협정 이외에는 구체화된 것이 그리 많지 않습니다.

한·중·일 그리고 아세안의 학자들이 동아시아의 협력과 관련된 논의를 하는 곳에는 어김없이 "동아시아 공동체"라는 단어가 나옵니다. 좀 크게 이야기하면, 지금의 세계는 탈脫냉전과 탈脫국민국가주의를 구가하고 있지만, 동아시아는 여전히 19세기, 20세기적 갈등의 틀을 벗어나지 못하고 있다는 점. 그리고 이것을 해결하기 위해서는 새로운 공동체적 구상이 필요하다는 점입니다.

확실히, 전쟁의 위험을 없애며 동아시아 전체의 '평화 공동체'를 구축하는 일은 중요합니다. 글로벌 경제가 가져오는 기회와 위험에 슬기롭게 대처하기 위한 '경제 공동체'를 구축하는 것도 필요합니다. 그리고 그 모든 것의 기반에는, 반목과 오해의 역사를 극복하는 새로운 '역사 인식·문화 공동체'의 구축이 있습니다. 이런 총론 수준의 이야기는 누구나 동의합니다. 그러나 구체적 각론에 들어가면 이 지역에서 상호 불신과 대립이 얼마나 큰 것인가를 실감할 수 있습니다. 중국은 중화주의와 팽창주의적 틀에서 벗어나지 못하고 있다는 의심이 듭니다. 일본 또한 대동아 공영권의 미망迷妄에서 벗어나지 못하고 있다는 비판으로부터 완전히 자유롭지는 않습니다. 40년간의 사회주의 실험에서 벗어난 중국은 일종의 강력한 '원시적 축적' 단계를 거치고 있습니다. 그리고 이것을 강력히 추진할 국가, 국민, 민족의 힘을 결집시키고 있습니다. 지금 문제가 되고 있는 동북공정도 국민의 힘을 결집시키려는 노력의 일환일 것입니다. 평화 헌법 개정 논의, 국기국가법의 통과, 야스쿠니靖國 신사의 공식 참배 등과 같은 일본의 움직임도 국가, 국민, 민족의 힘으로 국가 재건의 기반을 삼으려는 의도로 보입니다. 동아시아의 기본 질서는 그렇게도 강조되고 있는 지역 공동체를 향해 나가는 것이 아니라 자국의 내부 역량을 극대화시켜 지역적 주도권을 잡아가려는 갈등 속에서 전개되고 있는 것이 현실입니다.

여기서 다니구치 선생은 무엇보다도 미래 지향적인 '공동체 의식'을 공유하는 것이 중요하다고 역설합니다. 그리고 그것을 위해서 한국과 일본이 가능한 모든 협력 안건을 같이 추진해야 한다고 주장합니다. 그러나 "동아시아 공동체" 논의가 자칫 빠질 수 있는 고담준론의 세계에서 벗어나 상당히 실사구시적인 접근을 하고 있다는 점이 이 책의 가장 커다란 장점이기도 합니다. "동아시아 공동체"의 총론적 필요성만이 아닌 그것을 실현하기 위한 전술적 정책 대안까지 제시하고 있다는 것입니다. 이 책에서 제시하고 있는 동아시아 공동의 환경 협력, 에너지 협력, 농업 협력, 통화 협력 등의 각종 아이디어는 상당히 구체적이며 현실적입니다. 이것은 다니구치 선생이 "동아시아 공동체"라는 이념의 끈을 놓지 않으면서도, 구체적으로 그것을 실현시키기 위한 논리적 치밀성과 조심성을 가지고 있기에 가능한 것입니다. 최상급의 외교관이 학자적 소양을 가지고 있을 때 발현되는 자질이기도 합니다.

이 책의 번역은 한양대학교 국제학대학원에서 석사학위를 받은 바 있는 김문정 군과 공동으로 번역하였습니다. 기본적으로는 김문정 군이 초벌 번역을 하고 제가 다시 면밀히 살펴보며 수정하는 형태를 취했습니다. 이화여자대학교의 통번역대학원에도 재학하고 있는 김문정 군은 남다른 자질과 성실성을 가지고 이 책의 번역에 임해 주었습니다. 많은 감사를 드립니다. 그러나 이 책의 번역과 관련하여 예상되는 각종 문제들은 전적으로 저의 책임입니다. 이 점은 분명히 밝혀 둡니다.

관심 분야가 많이 중첩되어서인지도 모르겠습니다만, 처음 다니구치 선생을 만나고부터 여러 번의 국제 심포지엄에서 같이할 기회가 있었습니다. 일흔이 넘은 선생의 모습에서 다가오는 것은 따뜻한 마음과 뜨거운 정열입니다. 어쩌면 소년과 같은 순수함과 꿈이 엿보이기도 합니다. 작년에 북경에서 만났을 때에는 앞으로 몇 권의 책을 더 쓰고 싶다는 말에 많은 자극을 받기고 했습니다. 저는 이 책이 동아시아의 평화와 번영을 꿈꾸는 사람들에게 많은 도움을 줄 것으로 확신하고 있습니다.

2006년 10월 16일
한양대학교 국제학대학원 교수
김종걸

주

1) 아시아를 벗어나 유럽을 지향한다는 뜻으로, 일본이 명치유신 이후 내걸었던 근대화의 국가적 목표 ─ 옮긴이.

2) 1998년 10월 3일, 워싱턴에서 발표된 "신新 미야자와 구상"은 아시아 통화 위기의 영향으로 경제적 혼란에 빠져 있던 인도네시아, 말레이시아, 필리핀, 태국, 한국 등 5개국에 대해 총 300억 달러를 지원한다는 것이었다.

3) 아시아 통화 위기 때, IMF, 세계은행이 인도네시아, 태국 등을 지원하며 부과한 융자 조건인 경제 구조 개혁을 지원하기 위한 엔 차관.

4) 두 국가의 중앙은행이 일정 기간 서로의 통화를 상호 맡기기로 정한 협정.

5) 물품 서비스 및 투자를 포괄하는 자유 무역 지역은, 2010년까지 중국과 아세안 6개국(브루나이, 인도네시아, 말레이시아, 필리핀, 싱가포르, 태국) 간에 실시되고, 2015년까지 캄보디아, 라오스, 미얀마, 베트남으로 확대된다.

6) 육류, 어패류, 과일, 야채, 낙농품, 생화, 동물(살아 있는 것에 한함),

동물 제품(한방약 원료 등)의 8개 분야.

7) 주요 합의점은 (1) 정부 조달, 서비스, 투자, 경쟁 정책에서 양국 기업을 공평하게 대우한다, (2) 농산물 5개 품목(돼지고기, 오렌지과즙, 오렌지, 닭고기, 쇠고기)에 대해 저관세를 설정(모든 품목에 대해 협정 발효 후 5년째에 재협의한다), (3) 광공업품 분야에 대해서는 일본·멕시코 쌍방이 거의 모든 품목에 대해 관세를 10년 이내에 철폐한다, (4) 모든 철관 제품에 대해 10년 이내에 관세를 철폐한다, 그 중 특정 업종(전자, 가정용 전기제품, 자본재, 자동차 4분야)에 사용되는 것에 대해서는 관세를 즉시 철폐한다, (5) 자동차에 대해서는 협정 발효시부터 승용차 및 중·소형 버스, 트럭에 대해 전년도 멕시코 국내 판매 대수의 5%는 신규로 무관세를 설정하고, 이후 7년째부터는 무관세를 전체로 확대한다.

8) an East Asian community의 an과 community는 소문자이며, 특정 커뮤니티를 의미하는 것은 아니라는 사실에 주목해야 한다.

9) 1964년 제1회 UNCTAD(유엔무역개발협의회)를 위한 개발도상국 측 준비 회의에 참가한 개발도상국 수가 77개국이었기 때문에 유엔에서는 개발도상국 그룹을 공식적으로 G77이라 칭하고 있다.

10) 후쿠자와 유키치福澤諭吉가 1885년 3월 16일자 『시사신보時事新報』에 게재한 사설로서 "탈아론脫亞論"이라 불린다.

11) 표 4-3(IMF 통계에 근거하여 계산)과 표 4-4(OECD의 ITCS와 IMF 통계에 근거하여 계산)는 통계 방법의 차이에 의해 수치에 차이가 있지만, 수치 자체보다는 경향에 주목하고자 한다.

12) 외무성의 위탁에 의해 일본경제연구센터가 중심이 되어 중국의 런민人民 대학 및 상하이 사회과학원 세계경제연구소, 한국의 삼성경제연구소가 공동으로 시행한 연구 프로젝트. FTA에 의한 경제 효과를 분석하기 위해 연산 가능한 일반 균형 모형(CGE)을 활용하여 시뮬

레이션 분석을 하고 있다.

13) "안행형雁行型 발전"의 최초 구상은 1943년 아카마츠 카나메赤松要 히 토츠바시 대학 교수가 「신흥 공업국의 산업 발전」이라는 논문에서 발표한 것이다. 아카마츠 교수의 뛰어난 제자인 고지마 키요시小島淸 히토츠바시 대학 명예 교수가 아카마츠 이론을 발전시켜 오늘날에 이르렀다.

14) GNP 증가를 자본 · 노동 투입에 의한 부분과 그 이외의 부분, 예를 들면 교육 · 문화 · 기술 · 경영 등으로 구분하는데, 후자를 총 요소 생산성에 의한 증가라고 한다.

15) '유엔 기후 변화 협약UN Framework Convention on Climate Change'은 1992년 5월에 채택되어 같은 해 6월 리우데자네이루에 서 개최된 '유엔 환경 개발 회의'(UNCED)에서 155개국이 서명하여 1994년 3월에 발효되었다. 이 조약 하에 1997년 12월 유엔 주최로 지구 온난화 방지를 위한 교토 회의가 개최되어 선진국의 CO_2 배출 삭감 비율을 설정한 법적 구속력을 갖는 교토 의정서가 채택되었다. 이를 통해 인류는 2100년까지 전 세계적으로 1인당 CO_2 배출량을 1 톤 이하로 삭감한다는 장기 목표가 설정되었다.

16) '유엔 기후 변화 협약'의 부속서 1을 말한다. 가입국은 CO_2 배출 삭 감의 의무를 진다. 현재 가입한 나라는 대부분 OECD 선진국들과 동 유럽 국가들이며, 중국, 인도를 비롯한 개발도상국은 가입하지 않은 상태이다.

17) 교토 의정서에는 2008년에서 2012년까지의 약속 기간 내에 CO_2 배 출량을 1990년 대비 EU가 8%, 미국이 7%, 일본이 6% 삭감하기로 하여, 이들을 포함한 선진국 전체의 평균 CO_2 삭감 비율을 5.2%로 규정하였다.

18) 중국의 SO_2 배출량은 『중국환경상황홍보』에 근거한 것이다. 미국

및 일본의 SO_2 배출량은 OECD의 "Environmental Data 2002"에 근거한 것이다.

19) 세계은행 "China 2020: Development Challenges in the New Century," 1997, 제6장 'Protecting the Environment' 참조.

20) 2003년도 대 중국 엔 차관 제공 약속 총액은 약 967억 엔이 될 전망이며, 그 내역은 환경 안건이 약 510억 엔, 인재 양성 안건이 약 457억 엔이다. 이는 총액으로 따지면 2002년도 제공 약속 금액 약 1,212억 엔보다 20% 정도 감소한 수치에 해당한다.

21) 홍수와 토사 붕괴를 막기 위한 환경 대책으로서 중국 정부가 추진하고 있는 정책이며, 25도 이상의 경사지에 경작되고 있는 농지를 식림으로 전환한다는 것. 이 정책 아래 지금까지 산악 지대에서 주로 벼농사를 하던 농민들은 생업을 임업으로 전환하지 않으면 안 되었다. 식림 후 15년간 산림 벌채를 금하면서 정부는 농지를 잃은 가난한 농민에게 쌀을 무상으로 배급하는 등의 지원을 할 수밖에 없었다. '퇴경환림退耕還林' 정책은 중국이 개발과 환경 간의 균형을 어떻게 생각하고 있는지에 대한 문제를 제기하고 있다.

22) 『일본경제신문』에 따르면, 2004년 3월 인도네시아의 석유 수출은 하루 44만 8,000배럴, 수입은 48만 4,000배럴, 같은 해 4월의 석유 수출은 41만 3,000배럴, 수입은 50만 3,000배럴로 3, 4월 모두 수입이 수출을 웃돌았다.

23) 1996년 IEA의 "World Energy Outlook"은 2010년 인도네시아의 석유 수입 의존율이 43%일 것이라고 예상했다. 이 전망은 1997년 아시아 통화 위기 이전에 나왔기 때문에 그때까지 순조로웠던 인도네시아의 경제 성장에 걸맞은 석유 수요를 예상하고 있었으나, 그 후 IEA는 아시아 통화 위기의 영향을 감안하여, 인도네시아의 경제 성장 전망을 하향 조정하고, 이에 따라 석유 수요도 하향 조정했다.

24) 2004년 9월 30일자『일본경제신문』(석간)은 북경 공동 보도를 통해 석유 회사 로열 더치 쉘과 미국의 석유 대기업 유노컬이 중국 해양 석유총공사 등과 공동으로 추진하고 있던 동지나해의 천연가스전 개발 프로젝트로부터 '상업상 이유'로 탈퇴할 의사를 밝혔다고 보도하였다.

25)『에너지 백서』(2004년 판)에서 인용한 수치이며, 민간 및 국가 비축 수치를 사사오입한 것이므로 합계 일수는 일치하지 않는다.

26) 2004년 10월 10일자『일본경제신문』에 따르면, 일본과 태국의 FTA 체결 협상에서 쌀을 자유화 예외 품목으로 결정하는 데 대략 합의된 상황이다. 태국이 쌀의 관세 철폐 요구를 취소하는 대가로, 일본은 태국이 요구하고 있는 닭고기, 설탕, 전분에 대한 관세 철폐 및 삭감을 검토하고 있다고 한다.

27) 헨미 겐조逸見謙三,『13억 명의 식량 — 21세기 중국의 중요과제』(大明堂, 2003년), 제3장「식량 수급 예측 결과에 대한 검토」참조.

28) "아시아 채권 펀드"의 구성 멤버는 한국은행, 일본은행, 호주 준비은행, 중국 런민은행, 홍콩금융관리국(HKMA), 인도네시아 중앙은행, 말레이시아 중앙은행, 뉴질랜드 준비은행, 필리핀 중앙은행, 싱가포르 통화청, 태국 중앙은행 등 11개 중앙은행 및 통화 당국이다.

29) ACU에 대해서는 오다와라 켄이치緖田原涓一,『아시아의 국제 금융 협력 — 아시아 결제 동맹의 이론과 현실』, 국립출판, 2002년 참조.

30) 1977년 1월에 미얀마가 가입하였으며. 1999년에 부탄이 가입하여 현재 8개국으로 구성되어 있다.

31) 2004년 9월 현재 IMF에 대한 출자 비율은 미국(17.46%), 일본(6.26%), 독일(6.11%), 프랑스와 영국(5.05%), 중국(2.99%), 인도(1.93%) 순이다.

참고 문헌

1. 세계 경제

OECD, *The World in 2020: Towards a New Global Age*, 1997. 요시토미 마사루吉富勝 監譯, 『2020년의 세계 경제2020年の世界經濟』, 東洋經濟新報社, 1999.

고지마 키요시小島淸, 『안행형 경제 발전론雁行型經濟發展論』 제1권 「일본 경제·아시아 경제·세계 경제」(2003), 제2권 「아시아와 세계의 신질서アジアと世界の新秩序」(2004), 文眞堂.

니시카와 준西川潤, 『세계 경제 입문世界經濟入門』, 제3판, 岩波新書, 2004.

J. Stiglitz, *Globalization and its Discontents*, W. W. Norton, 2002. 스즈키 치카라鈴木主稅 번역, 『세계를 불행하게 만든 글로벌리즘의 정체世界を不幸にしたグローバリズムの正體』, 德間書店, 2002.

다니구치 마코토谷口誠, 『21세기의 남북문제 — 글로벌화 시대의 도전21世紀の南北問題－グローバル化時代の挑戰』, 早稻田大學出版部, 2001.

2. 아시아 지역 통합

고지마 키요시小島淸, 『태평양 경제권의 생성太平洋經濟圈の生成』, 제3집, 文眞堂, 2001.

모리시마 미치오森嶋通夫, 『일본이 할 수 있는 일은 무엇인가 ― 동아시아 공동체를 제안한다日本にできることは何か-東アジア共同體を提案する』, 岩波書店, 2001.

후쿠이 현립대학 동북아시아연구회 편, 『동북아시아의 미래상 ― 21세기의 환일본해東北アジアの未來像-二一世紀の環日本海』, 新評論, 1998.

호소노 아키오細野昭雄, 『APEC과 NAFTA ― 글로벌리즘과 리저널리즘의 상극APECとNAFTA-グローバリズムとリジョナリズムの相克』, 有斐閣, 1995.

아라이 토시아키荒井利明, 『ASEAN과 일본 ― 동아시아 경제권 구상의 전망ASEANと日本-東アジア經濟圈構想のゆくえ』, 日中出版, 2003.

아오키 타케시靑木健, 우마다 케이치馬田啓一, 『검증 APEC ― 아시아 태평양의 새로운 지역주의檢証APEC-アジア太平洋の新しい地域主義』, 日本評論社, 1995.

사자나미 요코佐夕波楊子, 기무라 후쿠나리木村福成, 『아시아 지역 경제의 재편성アジア地域經濟の再編成』, 慶應義塾大學出版會, 2000.

Lim Hua Sing, *Japan's role in Asia*, 3rd Edition, Times Academic Press, 2001.

우라타 슈지로浦田秀次郎, 일본연구센터 편, 『일본의 FTA(자유 무역 협정) 전략日本のFTA(自由貿易協定)戰略』, 日本經濟新聞社, 2002.

3. 유럽 통합

다나카 토시로田中俊郎, 『EU의 정치EUの政治』, 岩波書店, 1998.

우치다 카츠토시內田勝敏, 시미즈 사다토시淸水貞俊 편저,『EC 경제론-유럽
　　통합과 세계 경제EC經濟論－歐州統合と世界經濟』, ミネルヴァ書房, 2004.

야마네 유코山根裕子,『신판 EU/EC법 ― 유럽연합의 기초新版EU/EC法－
　　歐州連合の基礎』, 有信堂, 1995.

바바 쿠미코羽場久溜子,『확대 유럽의 도전 ― 미국과 버금가는 다원적 파
　　워가 될 것인가擴大ヨーロッパの挑戰－アメリカに ぶ多元的パワーとなるか』,
　　中公新書, 2004.

4. 아시아 통화 위기, 아시아 경제

요시토미 마사루吉富勝, 『아시아 경제의 진실 ― 기적, 위기, 제도의 진
　　화アジア濟の眞實－奇跡. 危機, 制度の進化』, 東洋經濟新報社, 2003.

우라타 슈지로浦田秀次郎, 기노시타 토시히코木下俊彦 편저, 『21세기의
　　아시아 경제 ― 위기에서 부활로二一世紀のアジア濟－危機から復活へ』, 東
　　洋經濟新報社, 1999.

세계은행, 야나기하라 토루柳原透 監譯,『동아시아 재생을 위한 길東アジア
　　再生への途』, 東洋經濟新報社, 2000.

히라타 준平田潤 감수, 『21세기형 금융 위기와 IMF二一世紀型金融危機と
　　IMF』, 東洋經濟新報社, 1999.

동경미쓰비시은행조사부 편저,『아시아 경제·금융의 재생アジア經濟·金
　　融の再生』, 東洋經濟新報社, 1999.

아라마키 켄지荒卷健二,『아시아 통화 위기와 IMF ― 세계화의 명과 암ア
　　ジア通貨危機とIMF－グローバリゼーションの光と影』, 日本經濟評論社, 1999.

우라타 슈지로浦田秀次郎, 고하마 히로히사小浜裕久 편저,『동아시아의 지
　　속적인 경제 발전東アジアの持續的經濟發展』, 勁草書房, 2001.

가라사와 케唐澤敬,『아시아 경제 위기와 발전의 구도アジア濟危機と發展の

構圖』, 朝日新聞社, 1999.

안충영安忠榮, 『현대 동아시아 경제론現代東アジア經濟論』, 岩波書店, 2000.

S. Yusuf, S. J. Evenett, *Can East Asia Compete?* World Bank. 세키모토 칸지로關本勘次, 곤도 마사노리近藤正規, 국제협력연구그룹 번역, 『동아시아의 경쟁력東アジアの競爭力』, シュプリンがー・フェアラーク東京, 2003.

5. 한 · 중 · 일 경제 관계, 중국 경제

아베 카즈토모阿部一知, 우라타 슈지로浦田秀次郎 편저, 『중국의 WTO 가입과 한중일 무역의 미래 ― 3국 싱크탱크의 공동 연구中國のWTO加盟と日中韓貿易の將來-三國シンクタンクの共同研究』(2002), 『한중일 직접 투자의 진전 ― 3국 싱크탱크의 공동 연구日中韓直接投資の進展-三國シンクタンクの共同研究』(2003), NIRAチャレンジ ブックス, 日本經濟評論社.

이토 모토시게伊藤元重, 재무성재무종합정책연구소 편저, 『중일 관계의 경제 분석 ― 공동화론 · 중국 위협론의 오해日中關係の經濟分析-空洞化論 · 中國脅威論の誤解』, 東洋經濟新報社, 2003.

사메지마 케지鮫島敬治, 일본경제연구센터 저, 『중국 WTO 가입의 충격 ― 대 중국 비즈니스는 이렇게 변한다中國WTO加盟の衝擊-對中ビジネスはこう変わる』(2001), 『중국의 세기 일본의 전략 ― 중미 긴밀화 사이에서中國の世紀 日本の戰略-米中緊密化の狹間で』(2002), 『2020년의 중국二〇二〇年の中國』(2000), 『중국의 리스크 고성장의 함정中國リスク 高成長の落とし穴』(2003), 日本經濟新聞社.

종합연구개발기구(NIRA) 편, 『중국 시장 경제의 성장과 과제 ― 중일 경제 학술 심포지엄보고中國市場經濟の成長と課題-日中經濟學術シンポジウム報告』, NTT出版, 1999.

World Bank, *China 2020*, 1997.

Angus Maddison, *Chinese Economic Performance in the Long Run*, OECD, 1998.

OECD, *China in the World Economy: The Domestic Policy Challenges*, 2002.

United Nations University, "China's Sustainable Development Framework," Summary Report, 1999.

중국 WTO 가입에 관한 일본 협상팀 저, 『중국의 WTO 가입中國のWTO加盟』, 蒼蒼社, 2002.

구로이와 타츠야黑岩達也, 후지타 노리코藤田法子, 『열린 중국의 거대 시장開かれた中國巨大市場』, 蒼蒼社, 2002.

고지마 레이츠小島麗逸, 『현대 중국의 경제現代中國の經濟』, 岩波新書, 1997.

일본경제신문사 편, 『중국이 일본을 뛰어넘는 날中國が日本を越える日』, 日本經濟新聞社, 2002.

콴시훙關志雄, 『일본인을 위한 중국 경제 재입문日本人のための中國經濟再入門』, 東洋經濟新報社, 2002.

판강樊綱, 콴시훙關志雄 번역, 『중국의 미완성된 경제 개혁中國未完の經濟改革』, 岩波書店, 2003.

스가미 토시야津上俊哉, 『중국 대두 ─ 일본은 무엇을 해야 하는가中國台頭-日本は何をなすべきか』, 日本經濟新聞社, 2003.

아마코 사토시天兒慧, 『한줄기와 같은 중국等身大の中國』, 勁草書房, 2003.

시노하라 미요헤篠原三代平, 『중국 경제의 거대화와 홍콩 ─ 역동성에 대한 해명中國經濟の巨大化と香港-そのダイナミズムの解明』, 勁草書房, 2003.

6. 환경, 에너지, 농업, 인간의 이동 관계

다나베 토시아키田邊敏明, 『지구 온난화와 환경 외교 — 교토 회의의 공방
　과 그 후의 전개地球溫暖化と環境外交−京都會議の攻防とその後の展開』, 時事
　通信社, 1999.

리지동李志東, 『중국의 환경 보호 시스템中國の環境保護システム』, 東洋經濟新
　報社, 1999.

OECD, IEA, *World Energy Investment Outlook*, 2003.

경제산업성 편, 『에너지백서エネルギー白書』(2004)

이토 토모시게伊藤元重＋이토 연구실, 『일본 식량 문제에 대한 고찰 — 생
　산자와 소비자의 정치 경제학日本の食料問題を考える−生産者と消費者の政
　治經濟學』, NTT出版, 2002.

하라 타케시原剛, 『일본의 농업日本の農業』, 岩波新書, 1994.

헨미 겐조逸見謙三, 『13억 인구의 식량 — 21세기 중국의 중요 과제一三億
　人の食料−二一世紀中國の重要課題』, 大明堂, 2003.

오쿠노 마사히로奧野正寛, 혼마 마사요시本間正義 편, 『농업 문제에 대한 경
　제 분석農業問題の經濟分析』, 日本經濟新聞社, 1998.

식량정책연구회 편, 『WTO 체제하의 쌀과 식량WTO體制下のコメと食料』, 日
　本經濟評論社, 1999.

호리구치 켄지堀口健治, 도요타 타케시豊田隆, 야구치 요시오矢口芳生, 가세
　요시아키加瀨良明, 『식량 수입 대국에 대한 경종食料輸入大國への警鐘』,
　農文協, 1993.

농림통계협회 편, 『2003년도 도설 식량 · 농업 · 농촌 백서平成一五年度圖
　說食料 · 農業 · 農村白書』, 2004.

내각부 편, 『2004년도 경제 재정 백서 — 개혁 없이는 성장도 없다平成一
　六年度經濟財政白書−改革なくして成長なし』, 2004.

가라사와 케唐澤敬 편저,『국경을 초월하는 자원 환경 문제越境する資源環境
　　問題』, 日本經濟評論社, 2002.

하라다 유타카原田泰,『인구 감소의 경제학人口減少の經濟學』, PHP研究所,
　　2001.

와카바야시 케코若林敬子,『중국 인구 초대국의 전망中國人口超大國のゆくえ』,
　　岩波新書, 1994.

OECD, *International Migration in Asia: Trends and Policies*, 2001.

법무성입국관리국 편,『출입국 관리 2004년판 ― 신시대에 있어서의 출
　　입국 관리 행정의 대응出入國管理 平成─五年版─新時代における出入國管理
　　行政の對應』, 2003.

7. 아시아 통화 금융 문제

오다와라 켄이치緒田原涓一,『아시아의 국제 금융 협력 ― 아시아 결제 동
　　맹의 이론과 현실アジアにおける國際金融協力─アジア決濟同盟の理論と現實』,
　　國立出版, 2002.

구로다 하루히코黑田東彦,『위안화 절상元切り上げ』, 日經BP社, 2004.

구로다 하루히코黑田東彦,『통화 외교通貨外交』, 東洋經濟新報社, 2003.

다니우치 미츠루谷內滿,『아시아의 성장과 금융アジアの成長と金融』, 東洋經濟
　　新報社, 1997.

곤도 타케히코近藤健彦,『아시아 공통 통화 전략 ― 일본 '재생'을 위한
　　국제 정치 경제학アジア共通通貨戰略─日本「再生」のための國際政治經濟學』,
　　彩流社, 2003.

오니시 요시히사大西義久,『엔화와 위안화 ― 중일 공존을 위해円と人民元─
　　日中共存へ向けて』, 中公新書ラクレ, 2003.

다무라 히데오田村秀男,『위안화·달러화·엔화人民元·ドル·円』, 岩波新書,

2004.

8. 아시아 외교, 중일 관계, 미일 관계, 안전 보장 문제

가네코 마사루金子勝, 후지와라 키이치藤原歸一, 야마구치 지로山口二郎 편
『동아시아에서 살자東アジアで生きよう!』, 岩波書店, 2003.

오구라 카즈오小倉和夫, 『요시다 시게루의 자문 ― 패전, 그리고 보고서
'일본 외교의 과오'吉田茂の自問-敗戰, そして報告書「日本外交の過誤」』, 藤
原書店, 2003.

유걸劉傑, 『중국인의 역사관中國人の歷史館』, 文春新書, 1999.

스인홍時殷弘, 『중일 관계에 대한 전략적 신사고中日關係に對する戰略的新思
考』, 日本僑報社, 2004.

진시더金熙德, 린즈보어林治波, 『중일 '신사고'란 무엇인가 ― 마리청, 스
인홍의 논문에 대한 비판日中「新思考」とは何か-馬立誠 時殷弘論文への批
判』, 日本僑報社, 2003.

이리에 아키라入江昭, 『중미 관계 ― 역사적 전개米中關係-その歷史的展開』,
サイマル出版社, 1971.

다나카 사카이田中宇, 『중미론 ― 무지한 일본米中論-何も知らない日本』, 光
文社新書, 2002.

진시더金熙德, 『21세기의 중일 관계 ― 전쟁 우호 관계에서 지역 통합의
파트너로二一世紀の日中關係-戰爭・友好から地域統合のパートナーへ』, 日本僑
報社, 2004.

와다 하루키和田春樹, 캐롤 그럭, 강상중 저, 『'미일 관계' 로부터의 자립
「日米關係からの自立」』, 藤原書店, 2003.

기타오카 신이치北岡伸一, 『일본의 자립 ― 대미 협조와 아시아 외교日本の
自立-對米協調とアジア外交』, 中央公論新社, 2004.

오카베 타츠미岡部達味, 다카기 세이치로高木誠一郎, 고쿠분 료세國分良成 편,
　　『중미일 안전 보장 협력을 위해日米中安全保障協力を目指して』, 勁草書房,
　　1999.

Kent E. Calder, *Pacific Defense: Arms, Energy, and America's Future
　　in Asia*, William Morrow, 1996. 일본경제신문사국제부 번역, 『아시
　　아 위기의 구도 ─ 에너지 안전 보장 문제의 사각지대アジア危機の構
　　圖─エネルギー安全保障問題の死角』, 日本經濟新聞社, 1996.

오코노기 마사오小此木政夫, 고지마 토모유키小島朋之 편저, 『동아시아 위
　　기의 구도東アジア危機の構圖』, 東洋經濟新報社, 1997.

볼프강 페이퍼 편, 다나카 소코田中素香, 사토 히데오佐藤秀夫 번역, 『동아
　　시아 21세기의 경제와 안전 보장 ─ 유럽의 경고東アジア二一世紀の經
　　濟と安全保障─ヨーロッパからの警告』, 東洋經濟新報社, 1997.